「誇示」する教科書

歴史と道徳をめぐって

佐藤広美

新日本出版社

はじめに

誇示する教科書とは何か。

私は、「新しい歴史教科書をつくる会」（一九九七年に西尾幹二、藤岡信勝ら設立）が最初に作成した『新しい歴史教科書』（扶桑社、二〇〇一年）を読んだときにも、また、「つくる会」が分裂しその後できた日本教育再生機構（二〇〇六年結成、理事長八木秀次）の人々が編集執筆した『新しいみんなの公民』（育鵬社、二〇一一年）や『中学道徳』（日本教科書、二〇一八年）を調べた時にも同じように感じたことがある。これらの教科書が日本の歴史や文化の優秀性を強く押しだしてくるということであった。日本の歴史や文化をことさらに誇り、誇示する教科書なのではないのか。そのような印象を受けた教科書であった。

誇示する、という言葉はどのようなときに使われるだろうか。私の手元にある国語辞書や類語辞典をいくつかみると、こうある。相手に対して誇らしげに何かをみせること、自分の地位や能力などをことさらに示す時に使用される。誇らしげに見せる、自慢げに見せる、あるいは、力を顕示する、武力を示威する、などの類似例がある。

私が受けた印象が的外れでないならば、こうした誇示する文体は、はたして教科書の記述としてふさわしいものであるのかどうか、という疑問が生まれるであろう。子どもたちの自主的で主体的な学びをうながすはずの教科書の内容が、誇らしげに見せつけられる文体で書かれてしまっていたら、どうなるだろうか。子どもたちはすぐにその押しつけがましさに反発してしまわないだろうか。あるいは主体性は影を潜め、いいなりの子どもがつくられてしまうかもしれない。これらの教科書は、教科書の大切な原則を外してしまっているのではないのか。私の疑問と危機感はここからはじまった。

誇示する教科書の具体例を示してみよう。『新しい歴史教科書』（扶桑社、二〇〇一年）は太平洋戦争開始（この教科書は「大東亜戦争」と強弁する）をどのように記述していたのか。

「日本の陸軍部隊はマレー半島に上陸し、イギリス軍との戦いを開始した。自転車に乗った銀輪部隊を先頭に、日本軍は、ジャングルとゴム林の間をぬって英軍を撃退しながら、シンガポールを目指し快進撃を行った。五五日間でマレー半島約一〇〇〇キロを縦断し、翌年二月には、わずか七〇日でシンガポールを陥落させ（た）。……数百年にわたる白人の植民地支配にあえいでいた、現地の人々の協力があってこその勝利だった。」

文体は「講談」調であるが、この文章の調子を利用して、日本軍の勇敢さを讃え、アジア民衆がいかに日本国家を頼りとしているのかを示していた。太平洋戦争とは何か、なぜ起こったのか。これを書くべきところで、『新しい歴史教科書』は日本軍の勇敢さ・勇猛さをとりわけ強調した。

日本軍の勇敢さを描く、よく似た教科書がある。その教科書の記述はこうなる。

「昭和一七年を迎へて、皇軍は、まづマニラを抜き、また破竹の進撃は、マライ半島の密林をしのいで、早くも二月十五日、英国の本陣、難攻不落をほこるシンガポールを攻略しました。その後、月を重ねて、蘭印を屈伏させ、ビルマを平定し……」

これは戦前最後の国定教科書『初等科国史　下』（一九四三年版）の記述である。この部分をみれば、

『新しい歴史教科書』は戦時下の思想を体現する『初等科国史』の再来ではなかったのかと思う。じつはちっとも「新しく」はなかったことになる。

一九四三年『初等科国史』の「教師用書」はその編纂《へんさん》趣旨をこう説明していた（『近代日本教科書教授法資料集成第七巻教師用書3　歴史・地理篇』東京書籍、一九八三年）。「皇国の発展の跡に即して国体の精華を闡明《せんめい》し、無窮に発展してやまざる皇国の大生命を感得せしめる」。「ただ徒《いたず》らに史実を羅列してこれを記憶させせるのいひでなく」とのべ「国家隆盛の今日あること、まことに偶然でないことを感ぜしめる」とした。『初等科国史』は天皇制国家の地位と力をことさらに示す教科書として作成されていた。

『新しい歴史教科書』と『初等科国史』の類似点は他にも見つけ出すことができる。戦前において日本を誇示する似たような記述が『新しい歴史教科書』にはあった。この教科書は戦前の天皇制を肯定しようとし、アジア植民地支配を反省し否定することをひどく嫌う教科書であった。

『新しいみんなの公民』（育鵬社、二〇一一年版）を読んだときはどうか。福島原発震災のすぐ後ということもあって、原発の記述が気になった。震災前に書かれたものであったが、原発を「国家と私」という関係で問う内容になっていた。

「私たち国民は国によって守られ、国の政治の恩恵を受けています」「国家に保障された権利を行使するには、社会への配慮が大切であり、そして権利には必ず義務と責任がともないます」。

原発問題を「国家と私」の関係問題に入れ込み、「国家に守られて生活する私」を強調し、「国家の恩恵を受けている」ことを重視する文脈を設定し、そこに原発の役割を置き、原発を推進する記述になっていた。原発国家の無責任さ（＝隠蔽体質《いんぺいたいしつ》）は書かれていなかった。

ここに明らかなことは、私たち国民は国家によって守られ、その恩恵を受けて生きている、という国家の恩恵観ではなかったか。国家の権限とそれに対する国民の義務が強く示されており、逆に、国民が政府を監視して国家に権利保障を要求するという人権の思想がいちじるしく弱い記述になっていた。

もう一つ、二〇一八年の日本教科書版「中学校道徳」はどうであったか。驚いたのはこの道徳教科書が、日本の台湾植民地時代において、植民地支配を担うために働いた土木技師や教師・学務官僚を高く評価し、学ぶべき道徳（モラル）を説いていたことである（土木技師・八田與一《よいち》物語の『中一道徳』、芝山巌《しざんがん》事件を扱う「台湾に遺したもの」『中二道徳』）。詳細は本論にゆずるが、日本の台湾植民地支配の実態（土地の収奪や民族固有の文化の抑圧や否定、など）を問うことなく、台湾総督府に忠実な日本人の生き方を顕彰する道徳の提示になっていた。この教科書は、台湾総督府が誇示した植民地支配の精神を受け継ぎながら、「自分さえよければいい」「今さえよければいい」という生き方ではなく、「次世代のことを考えることの大切さ」を、この教材を使って生徒に教えていたのである。人間の生き方を社会のあり方（たとえば、支配と被支配の関係）と関連づけることなく説くことの問題性を、この道徳教科書は端的に示していた。植民地支配の真実からは遠く、道徳は説教に終わっていた。

私は、これらの教科書を「誇示する教科書」としてとらえ、その問題点を考えてみたいと思う。なぜ、このような教科書が現れたのか、それには原因があるはずだ。その社会的政治的背景を問うてみたい。また、どのような社会観や人間観によってこれらの教科書は書かれたのか、執筆者の人々の思想を解き明かしてみたい。
そのように考えて、誇示する教科書の教育思想的な解明を試みたのが本書である。

目　次

はじめに　3

第1章　安倍政権を支持し、ともに歩む歴史教科書・公民教科書　15

第1節　日本教育再生機構が描く歴史像の矛盾
――『新しい日本の歴史』（育鵬社、二〇一五年版）　16

1　育鵬社版は日本植民地支配と戦後改革をどう描くか
――日本教育再生機構の執念と検定の杜撰　17

2　育鵬社版『新しい日本の歴史』は国定教科書「国史」「地理」にどこまで近いか？　24

3　歴史学者は「政府見解の押しつけ」をどう考えるか　31

第2節　最初に検定合格した歴史修正主義の教科書
――『新しい歴史教科書』（扶桑社、二〇〇一年版）　37

1　天皇制の擁護（皇国史観）　38

2　アジア侵略の肯定・正当化　42
3　文体を問う――「形容詞」と「修飾句」のオンパレード　46
4　戦後改革について――憲法・教育基本法の精神の否定　51

第3節　国家戦略観による歴史教科書
――『新しい歴史教科書』（扶桑社、二〇〇一年版）　54
1　侵略戦争・植民地教育はいかに叙述されたか　55
2　基底にある〈パワー・ポリティックス〉観　61
3　国家戦略（国益）のリアリズムの陥穽　64

第4節　「扶桑社効果」は本当か？　歴史認識をめぐるせめぎ合い
――『新しい歴史教科書』（扶桑社、二〇〇五年版）　73
1　植民地主義の削除をねらう　74
2　『新しい歴史教科書』と国定教科書『初等科国史』　77
3　「歴史を学ぶとは」　81

第5節　新教育基本法下の歴史教科書問題
――『新しい日本の歴史』（育鵬社、二〇一一年版）　86

1　新教育基本法と歴史教科書問題——自由社と育鵬社の歴史教科書とは何か　86
2　「韓国併合」について——植民地の近代化論とは何か　89
3　「沖縄戦集団自決」について——日本軍の関与をめぐって　96
4　歴史研究と歴史教育——「日本人の誇り」を記述する陥穽　100
第6節　戦後民主主義と戦後教育学を敵視する公民教科書
——『新しいみんなの公民』（育鵬社、二〇一一年版）　103
1　原発の記述——「政治の恩恵」という文脈　103
2　なぜ採択率をあげたのか　106
3　「人権思想」への不信と「歴史的伝統」の尊重——検定過程の削除と修正より　107
4　人権と民主主義への不信と攻撃　111
5　戦後教育＝戦後教育学を敵視する　117
第2章　道徳の教科化と戦後民主主義への懐疑——日本教育再生機構の道徳観　123
第1節　植民地支配責任を考えさせない道徳教科書の登場
——日本教科書版「中学校道徳」（二〇一八年版）　124
1　新規参入の日本教科書版「中学校道徳教科書」とは何か　126

2　これが「他国を尊重し、国際的視野に立つ」道徳教材だろうか
――「植民地と教育」に向き合う道徳教材のあり方とは　129
3　修身教科書の中の偉人たちを取り上げることの問題性　138

第2節　戦後民主主義への懐疑と道徳の教科化
――教育出版版「小学校道徳」（二〇一七年版）　146
1　日本教育再生機構と教育出版版「道徳」　146
2　教育出版版「道徳」と「日の丸・君が代」　148
3　教育出版版「道徳」と「日本の偉人」　152
4　なぜ偉人を取りあげようとするのか――戦後民主主義と道徳の教科化を問う　161
5　教科化に執念燃やした人物　164

第3節　修身教育を復活させてはならない
――二〇〇八年学習指導要領の問題　167
1　二〇〇八年指導要領は修身（徳目教育）を復活させる？　168
2　日本教育再生機構の道徳教育論　170
3　勝田守一の公民教育構想（道徳教育の課題）　176

第4節　人権を攻撃し道徳教育を説く人々
——社会認識とモラルの結合を考える　180
1　人権教育と道徳教育　181
2　「人権教育」を攻撃し「道徳教育」を説く人びと　182
3　一九三〇年代の道徳論　184
4　社会科教育論から道徳教育論へ——勝田守一の場合　187
第5節　「徳育の教科化」と倫理的想像力
——教育再生会議第二次報告（二〇〇七年）批判　190
1　なぜ、「徳育の教科化」なのか　191
2　新保守主義の矛盾と妥協　196
3　安倍内閣の歴史観と人間観——教科書検定「沖縄集団自決」問題より　202
第3章　「誇示」する教科書の社会的背景——人間観と教育観を中心に　207
第1節　戦略的な生き方と歴史認識
——「つくる会」のパワー・ポリティックス観批判　208

1 「暴力の文化」に投げ込まれる子どもたち——戦略論的な生き方の理由 208
2 「普通の国」という現実主義の強調——坂本多加雄の歴史観を検討する 212
第2節 新自由主義的人間像を問う
——教育基本法「改正」(二〇〇六年)前夜 220
1 モラルを問う 220
2 新自由主義を受容する素地 222
3 「倫理としてのナショナリズム」の問題性 224
4 人間的モラルの恢復 229
第3節 「美しい国、日本」を支える教育観
——「ゼロ・トレランス」と「沖縄集団自決」問題を中心に 233
1 八木秀次の反「人権」思想 234
2 曾野綾子の沖縄「集団自決」論 238
第4節 「沖縄集団自決」をめぐる教科書検定(二〇〇八年)の問題から
——大江健三郎『沖縄ノート』にふれながら 245
1 書き換えられた沖縄戦——「集団自決」における日本軍の関与問題 246

2　なぜ、大江健三郎は『沖縄ノート』を書いたのか　248

補　節　安倍首相と日本教育再生機構の仲　252

第5節　「知識基盤社会」という社会観の貧困
――二〇〇八年学習指導要領をめぐって　255

1　問われる教育・社会のヴィジョン　256
2　「人間力戦略」と「生きる力」　259
3　「知識基盤社会」と「知識社会」　264

あとがき　269
初出一覧　巻末

本書内の人物の肩書きは基本的に初出当時のもの

第1章　安倍政権を支持し、ともに歩む歴史教科書・公民教科書

第1節　日本教育再生機構が描く歴史像の矛盾
——『新しい日本の歴史』（育鵬社、二〇一五年版）

まず日本教育再生機構（八木秀次理事長）が編集した『新しい日本の歴史』（育鵬社、二〇一五年版）を検討しよう。二〇一九年現在使用の教科書であり、採択率は約四パーセントである。

「新しい歴史教科書をつくる会」（初代会長は西尾幹二。以下「つくる会」）は一九九七年に結成された。二〇〇一年に、最初の『新しい歴史教科書』が検定合格する。「つくる会」は、二〇〇六年に内紛で分裂し、「新しい歴史教科書をつくる会」（会長は当時は藤岡信勝、二〇一八年一二月現在は高池勝彦。自由社版、『新しい歴史教科書』）と「日本教育再生機構」（育鵬社版、『新しい日本の歴史』）に分かれて、それぞれ出版して現在に至っている。

日本教育再生機構は、第一次安倍内閣が発足してすぐの二〇〇六年一〇月に結成され、安倍内閣の教育政策を全面的にバックアップする運動団体として機能してきた。新教育基本法（二〇〇六年一二月制定）の成立を支持する。

教科書は文部科学省の検定に合格して使用が許可される。育鵬社のこの教科書を分析する私の手法は、「旧版」（二〇一一年版）と、検定に際し出版社が新たに提出した「申請本」と、検定意見がつき修正して検定を通過した「見本本」の三冊を比較してみることである。この比較によって、執筆者の歴史認識がより明確に理解され、本音が知れ、さらに、検定の恣意《しい》性（権力の統制という問題）が明らかにされるだろう。

ここでは日本の植民地支配と戦後改革の歴史記述が問題になる。植民地支配責任と戦後改革の意義を軽視する、その問題を検討せざるを得ない。『新しい日本の歴史』は、戦前最後の国定教科書である『国史』や『地理』によく似た記述となっており、戦前天皇制下の歴史認識の影響を受けている。この教科書編集の座長である歴史学者伊藤隆の歴史観についても分析し、なぜ、このような教科書が生まれたのか、その原因を探ってみよう。

1　育鵬社版は日本植民地支配と戦後改革をどう描くか
――日本教育再生機構の執念と検定の杜撰

（1）満州国における「支配と発展」

少し長い引用文になるが、育鵬社の「旧版」と「申請本」を比べてみる。育鵬社がどんな点を修正し、何を付け加えようとしたのか。彼らの歴史観（本音）が端的に示される事例を紹介しよう。そして、検定がこれにどう対応したのか、興味深い点となってくる。

「日中戦争（支那事変）の満州国の発展」部分である。焦点は、日本が国際連盟を脱退するいきさつとその後の満州国の発展とされる部分である。「旧版」はこういう。

「国際連盟は満州にリットン調査団を派遣しました。調査団は中国側の排日運動を批判し、日本

	石炭	鉄鉱石	銑鉄
1931（昭和６）年	905	92	34
1938（昭和13）年	2000	270	85

単位：万トン
（『満州の鉱業』『満州国史』より）
満州国の資源　良質の鉱物資源にめぐまれていたため、日本による開発がさかんに行われた。

の権益が侵害されていた事実は認めましたが、満州国を認めず、日本軍の撤兵を要求しました。国際連盟も同様の結論を出しましたが、日本はこれを受け入れず、一九三三（昭和八）年、連盟の脱退を表明しました。同年、日本と蒋介石の国民政府のあいだに停戦協定が結ばれ、満州事変は一応の決着をみました。

『王道楽土』『五族協和』『共存共栄』をスローガンに掲げる満州国は、実質的には日本が支配する国でしたが、中国本土や朝鮮などから多くの人びとが流入し、産業が急速に発展しました。日本からも企業が進出し、開拓団が入植しました。」（二〇八頁）

「申請本」では、この記述を以下のように書き換えている。

「満州事変に対して、国際連盟はリットン調査団を派遣しました。調査団は中国側の排日運動を批判して日本の権益が侵害されていたことを認めつつ、満州国を認めず自治政府の設立を提案しました。一九三三（昭和八）年、国際連盟の総会でも、自治政府の樹立と日本軍の撤退を認める決議が可決されましたが、日本政府はこれを拒否して連盟を脱退しました。その一方で、中国政府とのあいだで停戦協定を結び、事変を決着させました。

実質的に日本の支配下に置かれた満州国では、政治や経済の整備が進められ、日本の企業が進出して重工業が発展し、日本の多くの農民も開拓民として入植しました。一九世紀後半から増えた中国本土や朝鮮からの住民の流入は満州事変後も続き、人口も増加し続けました。」（二二八頁）そして、側注に、右ページの表を新たに載せた。

この書き換えに対し検定意見がつき、傍線を引いた部分に「生徒にとって理解しがたい表現である。（「自治政府の樹立」及び「日本軍の撤退」）」とした。これは、国際連盟総会における自治政府の樹立の承認という事実の誤りの指摘である。

検定意見を受け入れ修正した「見本本」は、以下のとおりである。

「……調査団は中国側の排日運動を批判して日本の権益が侵害されていたことを認めつつも、満州国とは認めませんでした。一九三三（昭和八）年、国際連盟の総会も満州国は認めず、日本軍の満鉄沿線への日本軍の撤兵を求める決議を可決したため、日本政府はこれに反発して連盟を脱退しました。……」（二二八頁）

最大のポイントは、リットン調査団の報告書と国際連盟の決議に対する日本側の領土的野心に基づく強硬な態度を修正しようとする日本教育再生機構の試みは、認められなかった点である。しかし、そのすぐ後に続く「満州国」における「産業の発展」に関する修正記述には検定意見はつかず、そのまま認められた。「満州国」では抗日運動は強まったが、一方で、政治や経済の整備は進み、重工業はさらに発展したとの記述がすんなりと入り込んだのである。日本植民地支配における「近代化」（＝開発の進展）の記述は検定をパスした。

（2）朝鮮植民地における皇民化政策と「近代化」問題

植民地支配における「近代化」あるいは「開発の進展」という論点は、今日、重大な争点である。私の考えを先にいえばこうである。植民地支配はけっして近代化を否定せず、むしろ支配するために近代化は必要であったということだ。だから、その近代化はゆがんだ近代化であり、押しつけがましい近代化であり、開発は植民地支配者側の恣意性にゆだねられていた、ということだ。被植民地住民の尊厳性と自主性を軽視する近代化だったのであり、反発と憤りを生み出す開発であったろう。

植民地に対するこの時の検定と育鵬社のやり取りもその点がよく示されていた。植民地朝鮮の人々の実態の記述をめぐる修正のやり取りは、以下のとおりであった。

「旧版」。「一方、わが国が統治していた朝鮮半島では、日本式の姓名を名のらせる創氏改名など、朝鮮人を日本人に同化させる政策が進められました。戦争の末期には、朝鮮や台湾にも徴兵や徴用が適用され、人びとに苦しみを強いることになりました。日本の鉱山などに連れてこられ、きびしい労働を強いられる朝鮮人や中国人もいました。」（二一八頁）

この部分を、「申請本」は以下のように変えた。傍線と波線に注意して読んでほしい。

「一方、わが国が統治していた朝鮮半島では、姓名を日本式に改める創氏改名など、朝鮮人を日本人に同化させる政策が進められました。戦争の末期には、朝鮮や台湾にも徴兵や徴用が適用され、人びとに苦しみを強いることになりました。日本の鉱山や工場などに徴用され、きびしい労働を強いられる朝鮮人や中国人もいました。」（二三八頁）

傍線部分に検定意見がつけられる。「生徒にとって理解し難い表現である。（「創氏」が法的制度によるものであることがわからない。)」」。強い強制性をもった皇民化政策である点を曖昧《あいまい》化する試みに、検定意見がついた形であった。

検定意見によって、表現はもとの「現行本」どおりの「日本式の姓名を名のらせる創氏改名」になった。ただし、波線の日本の鉱山などに「連れてこられ」という強制性の表現は消され、「徴用され」の変更表現はそのまま通過し、「見本本」になった。

こうした細かな部分に日本教育再生機構は自らの主張を注意深く入れ込もうとするのである。植民地をどう見るのか、いかに反省しているのか、その点がかえってよく示されることになる。

もうひとつ、植民地朝鮮支配の記述を紹介しよう。韓国併合の箇所。「旧版」はこうである。「日本の朝鮮統治では植民地経営の一環として米の作付けが強いられたり、日本語教育などの同化政策が進められたので、朝鮮の人びとの日本への反感は強まりました。」（一七七頁）

「申請本」は傍線部分を挿入する。

「日本の朝鮮統治では、併合の一環として近代化が進められましたが、米の作付けが強いられたり、日本語教育などの同化政策が進められたので、朝鮮の人びとの日本への反感は強まりました。」（一九三頁）

さりげなく「近代化」が挿入されたように見える。しかし、これは日本教育再生機構がいかに朝鮮植民地経営における近代化効果にこだわっているのか、の例証である。検定はこれに何も意見をつけず、「近代化」の記述は認められた。

（3）戦後改革は押しつけ改革か——日本国憲法への敵視

育鵬社版歴史教科書は戦後改革についてきわめて評価が低い。育鵬社の基本的スタンスは、明治憲法が日本の歴史と伝統に根ざしたものであったのに対し、日本国憲法はGHQによる押しつけ憲法であるという評価であった。それは、アジア太平洋戦争が侵略戦争であったという反省が極端に弱く、また、戦争の加害に対する責任追及の驚くべき欠如の姿勢の明示と関連する。惨憺《さんたん》たる犠牲を強いられ辛酸をなめた日本国民。その日本国民のほとんどが新しい日本国憲法とその精神を歓迎した、という事実への承認に対する育鵬社側の頑《かたく》なな拒否の姿勢であった。育鵬社は、敗戦によって日本の民衆の中に生まれた解放と希望の精神と気運を理解することができなかったことを示している。

その点はこの時の検定でも一向に変わらない。「戦後レジームからの脱却」という安倍晋三内閣の基本姿勢を後押しする教科書にふさわしい記述でしかなかった。

検定意見が絡んだその記述のありようを見てみたい。

「旧版」にはこうある。「他方、GHQは、日本がふたたび連合国の脅威にならないよう、精神的なものも含めて国のあり方を変えようとしました。過去の日本の歴史教育や政策は誤っていたという報道や教育が行われ、占領政策や連合国を批判する報道は禁じられました。」（二三〇頁）

「申請本」では、次のような修正を試みる。

「他方、GHQは、日本がふたたび連合国の脅威にならないよう、精神的なものを含めてわが国のあり方を変えようとしました。過去の日本の歴史教育や政策は誤っていたという宣伝を日本側に行わせ、報道や出版をきびしく検閲し、占領政策や連合国に対する批判を禁じました。」（二五四頁）

これに対し検定意見は、「生徒が誤解するおそれがある表現である。（戦前期の検閲の欠落や日本社会への影響）」であった。修正に応じた「見本本」は、結局、こうなった。

「また、戦前からの言論統制は消滅し、国民は言論の自由を得たと感じました。一方でＧＨＱは、日本がふたたび連合国の脅威にならないよう、国のあり方を変えようとしました。過去の日本の歴史教育や政策は誤っていたという宣伝を日本側に行わせ、報道や出版を秘密裏に検閲して占領政策や連合国への批判を禁じました。」（二五四頁）

この記述の改変の経緯をみれば、検定意見はあったにせよ、むしろそれを利用して、結局、戦後（教育）改革がＧＨＱの押しつけによって行われたことがより強められた記述になってしまっている。これでは、戦後改革時、日本側の主体的な判断や自主的な改革の努力が存在した事実はほとんど無視されてしまうだろう。

押しつけ憲法という解釈が許されれば、憲法改正という考えを強引に入れることは容易となる。「旧版」では、「日本国憲法の最大の特色は、交戦権の否認、戦力の不保持などを定めた、他国に例を見ない徹底した戦争放棄（平和主義）の考えでした。この規定は、占領が終わり、わが国が独立国家として国際社会に責任ある地位を占めるようになるにつれ、多くの議論をよぶことになりました。」（二三一頁）であったが、この後半の記述を、以下のように安倍内閣の意図に応じる、より踏み込んだ記述へと変えてしまった。「見本本」はこうなる。

「しかし、占領が終わり、わが国が独立国家として国際社会に責任ある立場に立つようになると、憲法改正や再軍備を主張する声があがりました。この問題については、現在もなお多くの議論が行われています。」（二五五頁）。日本国憲法改正と再軍備の主張へと生徒を導く記述にしてしまっている。

明治憲法を評価し日本国憲法を貶《おとし》めるこの記述は、教育勅語に対する厚い記述と一九四七年教育基本法をほとんど無視する扱いと類似する。次にこれを論じてみたい。

2　育鵬社版『新しい日本の歴史』は国定教科書「国史」「地理」にどこまで近いか？

（1）明治憲法と教育勅語の一体的把握の試み

「大日本帝国憲法の制定と帝国議会」は、「旧版」と「見本本」とで大きな記述上の違いはない。構成も「大日本帝国憲法の発布」「帝国議会の開設」「教育勅語の発布」と同じである。注視したい点は、「この憲法は、アジアで初めての本格的な近代憲法として内外ともに高く評価されました」という一文が「見本本」に入ったことだろう。これは、「伊藤（博文）は日本人自らの手で日本の歴史に根ざした憲法をつくる必要性を強く感じました」（一八四頁）という一文と相まって、育鵬社における明治憲法重視の表出にほかならない。

この育鵬社の『新編新しい日本の歴史』（二〇一五年）を、最初に検定合格した過去の『新しい歴史教科書』（扶桑社版、二〇〇一年検定済み）と比べてみたい。どんな点に違いがあるのか。二〇〇一年扶桑社『歴史教科書』は、代表執筆者は西尾幹二、監修・執筆者が伊藤隆、執筆者に小林よしのり、坂本多加雄、藤岡信勝らがいた。この時にも、伊藤隆は監修と執筆者であった。「扶桑社版」も見開き二頁で、明治憲法と教育勅語からなっていた。
明らかな違いは、「扶桑社版」は憲法発布の一八八九年二月一一日（紀元節の日であった）の様子を描いていたことだ。

「この日は前夜からの雪で東京市中は一面の銀世界となったが、祝砲が轟《とどろ》き、山車《だし》が練り歩き、仮装行列がくり出し、祝賀行事一色と化した。」（二二四頁）

実は、この記述は戦前最後の国定教科書『国史』とひどくよく似ていたのである。『初等科国史下』（一九四三年～）の「第十二　のびゆく日本」の「二　憲法と勅語」にこうある。

「民草《たみぐさ》は、御道筋を埋めて、大御代の御栄えをことほぎ、身にあまる光栄に打ちふるへて、ただ感涙にむせぶばかりでした。奉祝の声は、山を越え野を渡つて、津々浦々に満ち満ちたのでありま す。」（一一三～一一四頁）

「国史」は明治憲法自体の内容説明をほとんど行うことなく、ただ民草（＝臣民）が憲法発布を言《こと》祝《ほ》ぎ歓迎したことばかりを強調していた。二〇〇一年『扶桑社版』はそれを引き継いだのである。二〇〇五年『扶桑社版』（藤岡貞彦代表執筆者、伊藤隆監修、岡崎久彦監修・執筆など）にもそれは残り、扶桑社が分裂して育鵬社とは別の、もう一方の「自由社版」（二〇一一年検定済み、藤岡信勝代表執筆者、西尾幹二執筆、ほか）にも、その記述はそのまま残っていた。

育鵬社版の「旧版」と「見本本」には、この民衆が明治憲法を言祝ぎ歓迎する記述は消えた。しかし、挿絵「憲法発布を祝う人々」（東京都立中央図書館蔵）をのせ、「憲法の成立を祝い、各地で祝賀行事が行われ、自由民権派も新聞も憲法発布を歓迎した」と記している。この点を見逃してはならない。

育鵬社版の編集会議座長である伊藤隆は、二〇〇一年の扶桑社教科書の時代から監修と執筆にかかわり、国定教科書「国史」と類似する記述を残す歴史教科書を編纂《へんさん》し続けてきたことになる。この点は十分に注意しておいていいだろう。

これとともに問題にしたいのは、育鵬社版と「国史」がともに明治憲法と教育勅語を並べて記述し、両者を一体的に把握しようとしている点である。両者を並べて密接に関連づけて記述する。これはどういう意味があるのか。

「見本本」は国会開設の説明の後に次のように記述する。「急激な欧米文化の流入にともない、教育界では日本の伝統的な考え方を軽視する動きも生まれ、教育の現場に混乱が生じていました。これに危機感をもった地方長官らの提案をもとに、一八九〇（明治二三）年、明治天皇によって教育の指針を示した教育勅語（教育ニ関スル勅語）が出されました。」（一八五頁）

では、「国史」はどうか。

「維新以来、海外との交通が、にはかに開けましたので、国民の中には、むやみに欧米の学問や習はしを取り入れて、わが国の美風をおろそかにするものが出ました。」「おそれ多くも天皇は、この形勢を深く御心配になり、勅語をおくだしになつて、皇祖皇宗の御遺訓を明らかにせられ、尊い国がらをわきまへ皇運を扶翼し奉らなければならないことを、おさとしになりました。」（一一四～一一五頁）

国定教科書の「国史」は、戦前の天皇制精神構造（軍国主義と侵略主義）をもっとも見事に表現する典型的な読み物と言っていいだろう。育鵬社版は、そうした教科書に似た形式と内容であった。教師向けに説明を加える、教科書編纂趣意書でもある『初等科国史上下　教師用』（一九四三年以降使用）は、「憲法と勅語」の狙いを次のように述べていた。

「ともに、明治天皇が、国家の進運に鑑《かんが》みさせられ、皇祖皇宗の御遺訓に基づいて、お定めになりになつた千古不磨の大典・聖訓である。この旨を体得せしめ、聖慮の深遠とはてしなき御恵みに恐懼《きょうく》感激せしめることに、本節の最大眼目がある。随《したが》って、指導の際には、憲法と勅語との一体的関係関聯《かんれん》に留意する」（『近代日本教科書教授法資料集成　第七巻』四五二頁、東京書籍、一九八三年）

「国家統治の本体と国民道徳の根源」（前掲書、四四一頁）を一体的連関のもとに国民に「昭示」することこそ、究極の狙いであった。この「憲法と勅語」の節は、一九四三年の第六期国定歴史教科書になって初めて登場したものであって、その一つ前の、一九四〇年第五期の国定歴史教科書には「憲法発布」のみが書かれており、教育勅語への言及はなかった。一九四三年の決戦体制下、大東亜共栄圏の行き詰まりの最後の打開を狙った歴史記述の試みこそ、第六期「国史」（一九四三年）の「憲法と勅語」の一体的把握であった。

この記述に、「育鵬社歴史教科書」が酷似していたのである。第六期「国史」は、後の教育史研究者によって、子どもの感性にもっぱら訴えようとする教材構成で読みやすいが、しかし、その内容は歴史研究の客観的・科学的な成果から最も遠く、当面の国策に沿った恣意的な歪曲《わいきょく》がまかり通っていた、ときびしい評価を受けていた（佐藤秀夫「総説」『近代日本教科書教授法資料集成第七巻』所収）。

日本教育再生機構の人々は、戦前最後の、この科学的な成果に最も遠く、恣意的な歪曲がまかりとおったと評価される「国史」との類似を、どのように考えるのであろうか。

(2)日本人の国民性について——日本人の優秀性と差別観

育鵬社版では、日本人の国民性を考えさせる「外国人が見た日本」というコラムのところで、検定意見がついた。「生徒が誤解するおそれがある表現」という。

一八七八年に来日し、東北から北海道まで旅をした女性旅行者イザベラ・バートが見た日本人に対する記述である。以下は、検定によって「申請本」から削除された箇所である。

「来た道をもどって、落とし物を捜してくれた馬子(馬に荷を負わせ運ぶ人)に謝礼を差し出したとき、『旅の終わりまで無事届けるのが当然の責任だ、といって、彼はお金を受け取らなかった』と記しています。自分の責任を果たし、富よりも誠実さを重んじ、自分優先ではなく、他への気配りをもった日本人の品性にバートは強く心を動かされたのです。」(一七六頁)

検定意見は、ある個別的な事例が日本人の国民性一般にまで妥当させることができるのか、という疑問であった。たとえば、バートは、ほかのところで、彼女の人力車を引いていた車夫が警官の姿を見てあわてて土下座する情景を目撃し、民衆の権力者へのおびえを記していた(子どもと教科書全国ネット21編『育鵬社教科書をどう読むか』高文研、二〇一二年)という。バートは以下のように記している。

「私の車夫は、警官の姿を見ると、すぐさま土下座して頭を下げた。あまり突然に梶棒を下げたので、私はもう少しで放り出されるところだった。彼は同時に横棒のところに置いてある着物を慌てて着ようとした。……私はこのような情けない光景を見たことがない。私の車夫は頭のてっぺんから足の先まで震えていた。」（イザベラ・バート『日本奥地紀行』平凡社、二〇〇〇年）

バートは、さまざまな日本人を見ており、すぐれた部分を見逃してはいないということだろう。いずれにしろ、育鵬社版は日本人のすぐれた国民性を語りたがる、強い欲望をもっており、そのためには、強引な引用も意に介さないということだろう。

「わが国は、過去の歴史を通じて、国民が一体感をもち続け、勤勉で礼節を大事にしてきたために、さまざまな困難を克服し、世界でも珍しい安全で豊かな国になりました。」（「見本本」二七三頁）

日本人は勤勉で礼節を重んじる一体感ある民族であるとする。その一般的妥当性についてはここでは控えるが、こうした記述を知ってしまった以上、では日本人は他民族をどのように見てきたのか、ということが気になってくる。日本人は自分たちとの違いを認め、寛容な精神をもって、差別観なく、異文化の人々と接する歴史をつくれてきたのかどうかである。過去の教科書の記述をみて、この点を検討してみたい。

今度は、「地理」を紹介してみる。戦前最後の国定教科書である『初等科地理　上下』（一九四三年以降使用、『日本教科書大系　近代編第一七巻　地理（三）』講談社、一九六六年、所収）である。この『地理』の教科書こそ、日本人の国民性＝優秀性を説くことにきわめて熱心であった。『初等科地理上』には、たとえばこうある。

「勇敢で漁業に巧みな日本人は、太平洋の諸地方ばかりでなく、インド洋方面までも進出して、いたるところすぐれた腕前をあらはし、世界一の水産国たる面目をよく発揮してゐます。」（二六頁）

「（長野山梨の養蚕地の記述）絹織物も古来わが国の名産であり、日本人のすぐれた技術と豊かな趣味とをあらはしたものが、各地で織られます。」（三八頁）

日本の国土（地理）を順々に説明する展開に、このようにして挟まれる日本人の優秀性の記述。それは何故か。『初等科地理教師用書』の「編纂《へんさん》趣旨」は言う。「国土の優秀性」は日本の特質であり、「一つとしてわが国民性を陶冶《とうや》し、国民精神を涵養しないものはない。国体も国民性も国家発展も、皇国の国土をはなれて理会することはできない」（『近代日本教科書教授法資料集成　第七巻』前掲、五四六頁）。

「神代の昔から、海の魂によつてはぐくまれ、また大陸に近く接して、そのあらゆる文化を取り入れて来たわが国は、海に陸にのびて行く使命をはたすにふさわしい位置を占め、その形ものびのびと、四方に向かつて手足をのばして進むやうすをあらわしてゐます。」（九頁）

国土の優秀性によって日本人の国民性も陶冶されるということであった。では、この考え方のもとでは、アジアの人々はいかに描き出されていたのか。『初等科地理　下』はいう。インドネシアの島々の記述。

「ジャワは、三百年の間、少数のオランダ人によつて、わがままな支配を受けたところです。住民の大部分はごく従順で、竹としゆろとで作ったそまつな家屋に住み、回教を信じてゐます」（六一頁）。「フィリピンの住民は、始めイスパニヤに支配されてゐましたが、そのころから、大部分がキリスト教を信じるやうになりました。いつぱんに従順な性質を持つてゐますから、今後日本人の指導を受けて、なまけやすい欠点も、次第に改めて行くでありませう。」（六五頁）

中国占領地（支那の住民）はどうか。

「しかし、忠義といふことになると、日本人とはよほど違つてをります。それは国がらから見て、やむを得ないことかも知れません。昔から頼るべき中心人物や、政府がしじゆう変つてゐるので、自分やそのまはりの人たちだけを、まもつて行かうとする考へ方が強くなり、さうして自分のためだけに金銭を貯へようとする考へが、いつぱんを支配してゐます。また自分の顔を立てようとする気持ちも強いが、その反面に、仕方がないとあきらめてしまふところもあります。」（八〇頁）

日本人の国民性＝優秀性の認識は、欧米への敵意とアジアの人々への蔑視と裏腹の関係にあった。戦前最後の『地理』教科書はこの点を疑う余地なく示している。

日本人の優秀性という主張は、簡単にアジアの侵略に結びついていったのではなかったか。このように私たちは、教科書の中で、日本人の優秀性を偏狭なナショナリズムと一体化させて論じる過去をもっている。そのことに十分に自覚的でなければならないだろう。日本人の国民性＝優秀性が利用され、意図的に侵略主義に染められていった教育の歴史的事実は、今に生きる子どもたちにしっかり伝えていかなければならないのではないのか。その点を育鵬社は全く無視してはいまいか。育鵬社の歴史教科書には深刻な問題がはらまれているように思われて仕方ない。

３　歴史学者は「政府見解の押しつけ」をどう考えるか

日本教育再生機構は、国家による検閲や検定制度そのものに批判意識はないのだろうか。占領下、

ＧＨＱの言論統制には「過酷な」という形容をつけて攻撃はするものの、一方では、日教組の考え方には戦前の歴史と公の精神の否定と階級闘争史観の推進というものがあり、その行き過ぎを抑える必要があって、そのためには学習指導要領に法的拘束力を持たせ、教科書検定で行き過ぎを是正することが不可欠だと述べる。結局は、国家の教育・思想統制については反対の意思はなく、賛意を表明している（『育鵬社通信　虹』二一号、二〇一五年四月）。

学問の自由を認め、教育の自由を保障し、子どもたちが様々な意見を知り、感想を出し合い交換し、他者との違いを発見し、そして認識を高める、そのような教育実践を追い求めるという姿勢が教育再生機構には決定的に欠如しているのではないだろうか。

この時の検定で、大きな問題になったのは領土問題に関する「政府見解」の押しつけであった。地方紙を含めて、そのほとんどの新聞の中学校教科書検定結果に対する社説は、「政府見解」の押しつけだけが際立った今回の検定を憂慮している。「偏向是正を授業に生かせ」という産経新聞（二〇一五年四月七日）などを除いて、他紙の多くは「露骨な政治主導を憂う」（岩手日報、四月八日）、「多面的な見方の紹介を」（信濃毎日、四月七日）、「政府見解の扱いは慎重に」（西日本新聞、四月八日）、「危うい政権の過剰介入」（沖縄タイムス、四月八日）、と政府見解の一方的な押しつけを批判し、相手国の言い分など多様な論点を子どもたちに提示し、柔軟な思考をのばせるような教科書を望んでいた。

育鵬社の教科書はこの視点からていねいに分析してみる必要があるだろう。育鵬社の「見本本」は領土問題をこう記す。「竹島は、遅くとも一七世紀半ばにはわが国の領有権が確立していたと考えられます。わが国は一九〇五（明治三八）年に閣議決定によって島根県に編入し、領土にしましたが、第二次世界大戦後、韓国によって不法に占拠され、今もその状態が続いています」（一七三頁）。もちろん韓国側の見解は書かれていない。

いま、手元に『世界の人びとの独島 Dokdo の真実を理解するための16ポイント』（独立紀念館、二〇一二年）がある。著者はソウル大学校名誉教授で独島学会会長の愼鏞廈（シンヨンハ）氏である。本書は、日本外務省の二〇〇八年『「竹島」問題を理解するための10ポイント』に対する反論である。全一〇六頁、カラー刷り。四七点の史資料、地図資料が二一点、古文献と古地図の豊富さに驚く。日本政府が強調する一九〇五年の「閣議決定」にいたる歴史について、記述の三分の二を費やして反論し、その根拠を歴史的資料を使って示している点が特徴である。

たとえば、次のような記述をどう考えるか。一八七七（明治一〇）年三月二〇日に、太政官は「竹島外一嶋（＝鬱陵島と独島）は、日本とは関係なきの儀を心得よ」という要旨の訓令を内務省に下している古文書（五四〜六一頁）の例示。時代は遡《さかのぼ》って、実学者として知られる林子平《はやししへい》が一七八五年に編纂した『三国通覧図説』の付属地図「三国接壌之図」、朝鮮を示した黄色で独島と鬱陵島に色が塗られた地図（三一頁）の提示。この二つの史料は、竹島（独島）は朝鮮領であることを示す有力な根拠になるであろう。

私は、竹島問題については全くの素人であるが、韓国側の主張は検討に値する根拠があってのことだという理解はできる。「学校現場では、自国の立場だけではなく、相手の主張や根拠や、なぜ対立が起きているのかを学んだうえで、自国の主張を理解することが必要だろう」（東奥日報、四月一一日、社説）との指摘がある。これは育鵬社を含めた多くの教科書の課題ではないだろうか。

本節の最後に、育鵬社版の教科書編集会議座長の伊藤隆氏（東京大学名誉教授）の歴史観や学問観について少し触れたい。伊藤氏は、二〇〇一年の扶桑社版歴史教科書（新しい歴史教科書をつくる会）から執筆にかかわっていた。なぜ、かかわってきたのか。その理由は一体なんだったのだろうか。

伊藤氏には『歴史と私』（中公新書、二〇一五年）という著作がある。「史料を駆使して近現代史を切り開いた泰斗の稀有な回想録」と帯にある。この本の特徴は二つあったように思う。一つは史料の収集と編纂に携わってきた伊藤氏の膨大な仕事量を伝えていること。もう一つは、「革新―復古」という彼独自の概念を駆使して近現代史を描き、けっしてファシズムや天皇制という用語を使用しない彼の歴史観（信念）を記している点だ。その意味で、ファシズム論争の部分が重要だろう。論争では、彼が言う「左翼」のファシズム論者に対する彼の疑義表明ははげしく、「左翼」への強い憎しみの感情を表したように思われた論争であった。

それにしても不思議に思われたのだが、彼がなぜ「つくる会」や日本教育再生機構に所属して、歴史教科書の執筆にかかわってきたのか、この本では、その点の語りはわずかしかないことだ。伊藤氏はこの点で多くを語らない。

伊藤氏は、東大受験生の答案の大半は過激な左翼のものとしか思えないとし、しかし、入学してくる実際の学生がそうした左翼の考え方をもっているわけでもなく、答案はただ高校までの教師の教えを忠実に反映させていただけだとする。受験生にとって答案が左翼的だとは意識されていない。これはつくづく厄介だと感じて、育鵬社の教科書にかかわってきたと述べている（九九頁）。

育鵬社とのかかわりの理由やそこで考えたことなどがもっと語られてもよさそうに思えたのだが、

かかわりはこの数行だけだ。受験生や学生の意識（歴史感覚の希薄さなど）や生き方（尊厳の感覚や価値観など）の実際の姿、あるいは、現状の歴史教育についてもう少し深まった歴史学者としての学問的な認識が示されてもよかったように思われるが、それはない。左翼的な答案が大半を占める、というその点だけが問題にされている。

『歴史と私』でわかることは、伊藤氏がファシズム論者（左翼）をひどく嫌い、その論をきびしく批判し、否定していることである。伊藤氏の言葉でいうと、「善玉と悪玉の葛藤《かっとう》という、きわめて単純で、イデオロギー的な歴史観」（九〇頁）ということになる。そして、受験生に左翼的知識が浸透していることが厄介ということだ。こうした歴史観と現状認識をもった伊藤氏が、「つくる会」や育鵬社の歴史教科書の編纂にかかわっていったということであった。それ以上のことはよくわからない。「きわめて単純で、イデオロギー的な歴史観」をもつ人々の行きすぎを是正するために、育鵬社の教科書は書かれた、ということである。

育鵬社の歴史教科書を書く歴史学者がどのような歴史観をもち、学問観をもっているのか。この点は、育鵬社の歴史教科書分析にとって重要な課題である。

歴史学者は自らの歴史像をどのようにして描きだすのか。研究の主体性を堅持して、そこには自由な批判と創造の精神の過程があったろう。アナロジカルにいえば、学校現場における子どもたちの歴史認識や歴史意識の形成もまた、批判と創造の過程がありうるだろうし、それは大切にされなければならない。教育の原理である批判と創造の過程をつくり出す教師も、思想の自由は尊重されなければならないだろう。歴史学者はそのように自らの研究の過程と学校における歴史教育の実際を重ねる必要があるのではないか。

膨大な史料の収集と保存と公開に努めてきた伊藤隆氏は、一人の歴史学者として学校現場における歴史教育の実際をどう思い描いたのか。この点は謎のままである。謎というよりは、生徒一人ひとりが自主的に創造的に歴史の事実を学ぶことを、そして教師はその学びを助け導くという教育実践の大切さをしっかりと論じることが出来ていないという、そういう疑問ばかりが残ってしまう、そういう歴史学の泰斗の回想録であった。

第2節　最初に検定合格した歴史修正主義の教科書
――『新しい歴史教科書』（扶桑社、二〇〇一年版）

「新しい歴史教科書をつくる会」（会長・西尾幹二氏、以下「つくる会」と略）の最初の検定合格教科書『新しい歴史教科書』を検討する。一三七個の検定修正意見がついた。「つくる会」は修正にすべて応じて検定にやっと合格した。

本節では「君が代」や「教育勅語」などの天皇制擁護、アジア侵略を正当化する記述など、日本近現代史認識の問題点を指摘した。とくに、この教科書の文体に注目した。語り口が物語風であり、形容詞や修飾語を巧みに使い、感情を奮い立たせるような記述になっている。その書き方は戦前の歴史教科書『国史』によく似ていた。大東亜戦争勃発（一九四一年一二月八日）の記述は民衆の戦意を煽《あお》る風であった。ナショナリズムは「語り（物語）」を利用して登場してくる。戦前『国史』と『新しい歴史教科書』は、子どもたちをナショナリズムに誘う語り口においても共通性をもっている。

この教科書に対して、国内外から厳しい批判と批判声明が出された。しかし、実際にこの『新しい歴史教科書』を手にとって見た人は案外少ないのではないか*。いわゆる白表紙本（申請本）を目にすることは難しい。したがって私は、この教科書の内容紹介をできるだけていねいに行いたいと思う。

「見本本」（合格本）と「申請本」との比較もしたい。これによって、文部省の検定（修正意見）がどのようなものであるのかもわかってもらえるだろう。

実際に自分の目で確かめてその内容を検討することは重要であり、おそらく、この教科書のお粗末さと恐ろしさをより実感できるものと思う。

＊扶桑社は、教科書の採択に関する審議と決定を待たず、文部科学省が示す不快感をよそに、『新しい歴史教科書』を市販させてしまった。書店には、平積みされる事態が生じた。問題の教科書は簡単に手に入ることとなった。

1　天皇制の擁護（皇国史観）

（1）「君が代」について

『新しい歴史教科書』（以下、断りがない限り見本本）は、「日本の国旗と国家」のコラムを設け、国旗国歌法（一九九九年）の成立を「長年の慣習が法律に明文化された」と紹介する。そして、つぎのような「君が代」の歌詞の説明を行う。

「国歌『君が代』の君は、日本国憲法のもとでは、日本国および日本国民統合の象徴と定められる天皇を指し、この国歌は、天皇に象徴されるわが国の末永い繁栄と平和を祈念したものと解釈されている。」（一八七ページ）

この記述は政府見解を踏まえているのだろうか。「君が代」の歌詞の解釈をめぐって、さんざん国会で問題になり、政府見解が修正を余儀なくされた経緯がある。その時の小渕恵三内閣総理大臣の発言を紹介してみる。

「日本国憲法下においては、国歌君が代の『君』は、日本国及び日本国民統合の象徴であり、その地位が主権の存する日本国民の総意に基づく天皇のことを指しており、君が代は、日本国民の総意に基づき、天皇を日本国及び日本国民統合の象徴とする我が国のことであり、君が代の歌詞も、そうした我が国の末永い繁栄と平和を祈念したものと解することが適当である」（一九九九年七月二一日、衆議院内閣委員会、内閣総理大臣）

傍線部は、『新しい歴史教科書』にはない部分である。「その地位が主権の存する日本国民」が削除されている。政府見解は、戦前に歌われた「君が代」を、しかも戦前文部省によって「解釈」を施されてきた「君が代」の歌詞に論及して否定することもなく、いきなり日本国憲法下における解釈を示す曲芸の類であるが、いまはそれを問わない。問題は、『新しい歴史教科書』は政府見解も無視するかのように、それをも後退させる説明を行っていることである。検定は、この時ばかりは「つくる会」に対して政府見解を押しつけない寛大な処置をとっている。

(2) 教育勅語について

『新しい歴史教科書』は、教育勅語の全文を掲載する。あわせて二九か所にわたって用語についての細かな注釈を載せ、教育勅語の理解を助けるようにしている。「朕《ちん》」「皇祖皇宗《こうそこうそう》」「肇《はじ》ムル」……、さらに「国体」「淵源《えんげん》」、そして「拳拳服膺《けんけんふくよう》」「御名御璽《ぎょめいぎょじ》」まで。

気になる「一旦緩急《いったんかんきゅう》アレハ義勇公ニ奉シ以テ天壌《てんじょう》無窮《むきゅう》ノ皇運ヲ扶翼スヘシ」の部分はどう説明されるか。「万一国家に危急の事態がおこった場合には、正義にかなった勇気をふるいおこし、国家・公共のために尽力する」「天地と共に窮まりない天皇をいただく日本国の運（を）たすけること」となる。本文の説明はどうか。

「これ（教育勅語――引用者）は、父母への孝行や、非常時には国のために尽くす姿勢、近代国家の国民としての心得を説いた教えで、1945（昭和20）年の終戦にいたるまで、各学校で用いられ、近代日本人の人格の背骨をなすものとなった。」（二一五頁）

＊傍線部分は検定意見によって挿入されたところ。

これまでにも、教育勅語を評価する人々がいた。その特徴の一つは「教育勅語にはいいところもある」との意見に代表されるものであり、この考え方は政権政党の政治家の間でくり返しお目にかかってきた。勅語中段部分の「爾臣《なんじ》民父母ニ」からはじまり、「国法ニ遵ヒ」までの部分をおもに想定してのことだろう。

これは「額縁論」ともいわれ、勅語の初めと終わりの部分、つまり額縁部分は時代に合わなくなったが、絵の部分、ちょうど徳目が並ぶ真ん中のところは、現在でも十分に通用するという考えである。この考えの問題点については、山住正己『教育勅語』（朝日新聞社、一九八〇年）を参照してほしい。

しかし、『新しい歴史教科書』は、この額縁論とも違い、これまでの保守政党の政治家を超えて、教育勅語全体を肯定して評価するねらいがあるように思われる。勅語に対する「ていねい」な指導が想定されていることに、それは端的である。

この教育勅語は、『新しい歴史教科書』がいうところの「近代日本人の人格の背骨をなす」とされた時代にはどのように解釈されていたのか。

国民学校期（一九四一年以降）の国定教科書第五期の『修身』の巻四（第六年）には、教育勅語に関する教材が載っている。その『教師用教科書』（一九四三年）をのぞいてみた。「教師用書」は、教材の目的・趣旨、あるいは教師がどのように指導すべきかの心得が記載されている。

同「教師用書」には、『新しい歴史教科書』同様に、「特に次の諸点に留意する」として、「朕」「皇祖皇宗」から「国体」「緩急」「顕彰」、さらに「拳々服膺」「庶幾《こいねが》フ」までの、三五個の用語説明がしてあった。『新しい歴史教科書』は、この「教師用書」の踏襲ではなかったか。戦時期の教育勅語解説の手法を学んだ、という推測が成り立つ。

また、「教師用書」は、「一旦緩急アレハ」以下の文言を「万一危急の大事が起こつたならば、大義に基づいて勇気をふるひ一身を捧げて皇室国家の為につくせ。かくして神勅のまにまに天地と共に窮まりなく宝祚《あまつひつぎ》の御栄をたすけ奉れ。」（『続・現代史資料⑨　教育２』みすず書房、一九九六年、四六一〜四六二頁）と説明していた。

『新しい歴史教科書』は、「皇室国家の為につくせ」を「国家・公共のために尽力する」と言いかえて、勅語解釈を矮小化してしまっている。「つくる会」の教科書は、戦前期の教科書を巧みに学んで（？）いるのではないのか。学んで反省するのではなく、利用している、ということだろう。

2　アジア侵略の肯定・正当化

『新しい歴史教科書』はアジア侵略戦争を肯定し、その正当化のための記述になみなみならぬ努力を傾注している。それは加害責任の否定であり、植民地支配の実態の無視と軽視になっている。その記述は、ほかの教科書を「自虐史観」「悪逆史観」「断罪史観」と攻撃した当然の結果である。

アジア侵略の肯定のために用意された論拠は、植民地近代化論とアジア解放論であった。中国、朝鮮、台湾に関する記述には「植民地近代化論」を適用し、東南アジアに対しては「アジア解放論」を応用する。日本の進出は、中国、朝鮮、台湾の近代化を促進したのであり、アジアへの日本の進出は、欧米白人帝国の植民地支配からのアジアの解放を促した、という記述の展開である。この近代化論の底には、中国に対する敵視、朝鮮に対する蔑視が横たわっている。この点も見過ごしてはいけない。

さらに、近代化論（アジア解放論）は、「大国の論理」によって根拠づけられている。『新しい歴史教科書』は、「国益主義」を最大最高の価値におく安全保障政策優先論であった。安全保障政策の立場に立って米国とロシアを敵視し、「黄禍論《こうか》」を強調し、レイシズム（人種主義）を吹聴する。あるいは、レイシズムを盾に、日本の安全保障を力説する。

『新しい歴史教科書』は、植民地支配責任の否定と国益主義がセットになっていた。以下、その具体的な記述を垣間見てみよう。

（１）日中戦争について

一九三一年に始まる日中戦争についてどう記述しているのか。

「満州事変は、日本政府の方針とは無関係に、日本陸軍の出先の部隊である関東軍がおこした戦争だった。政府と軍部中央は不拡大方針を取ったが、関東軍はこれを無視して戦線を拡大し、全満州を占領した。これは国家の秩序を破壊する行動だった。

ところが、（政党政治への不信を強め、）政府の弱腰な外交方針に不満をつのらせていた国民の中からは関東軍の行動を熱烈に支持する者もあらわれ、陸軍には２２０万円の支援金が寄せられた。」（二六六〜二六七頁）

＊（　）内は加筆された部分。

満州事変は関東軍が起こした戦争である。これは正しい。しかし、この戦争は「国民の支持」があったことを強調する。「国民の支持による戦争」、ねらいはここにある。

「中国大陸での戦争は泥沼化し、いつ果てるとも知れなかった。国民党と手を結んだ中国共産党は、政権をうばう戦略として、日本との戦争の長期化を方針にしていた。日本も戦争目的を見失い、和平よりも戦争継続の方針が優位を占めて、際限のない戦争に入っていった。」（二七一頁）

戦争の長期化の原因は、中国共産党の戦略にあると根拠も示さず述べている。

満州国について。ここは「申請本」と「見本本」の両方を併記してみる。

〔申請本〕「満州事変は、日中間の対立を深めたが、その後、停戦協定が結ばれ、両国の関係はやや改善された。満州国は、中国大陸において初めて近代的法治国家を目指した。五族協和、王道楽土建設をスローガンに、満州国は急速な経済成長を遂げた。人々の生活は向上し、中国人などの著しい人口の流出があった。」（二七三頁）

これに対して、検定意見を取り入れた見本本はどう変わったか。

〔見本本〕「満州事変は、日中間の対立を深めたが、その後、停戦協定が結ばれ、両国の関係はやや改善された。満州国は、五族協和、王道楽土建設をスローガンに、日本の重工業の進出などにより経済成長を遂げ、中国人などの著しい人口の流出があった。」（二六八頁）

何を削除し、何を付け加えたのか、注意していただきたい。傀儡《かいらい》国家の「満州国」を美化する「初めて近代的法治国家を目指し」「人々の生活は向上し」は削除されている。しかし、日本の進出により「経済成長を遂げた」という主張は譲っていない。

(2)「南京大虐殺」について

南京大虐殺についても、「申請本」・「見本本」の両方を紹介したい。驚くことに、この「南京大虐殺」は戦後改革時の「東京裁判」の問題と限界を述べる文脈で扱われている。

〔申請本〕「『南京事件』（事件として扱われている）。この東京裁判法廷は、日本軍が1937（昭和12）年の南京攻略戦において、中国民衆二十万人以上を殺害したと認定した。

しかし当時の資料によると、そのときの南京の人口は二〇万人で、しかも日本軍の攻略の一ヵ月後には、二五万人に増えている。

そのほかにもこの事件の疑問点は多く、今も論争が続いている。戦争中だから、何がしかの殺人

があったとしても、ホロコーストのような種類のものではない。」（三〇一頁）

〔見本本〕「この東京裁判では、日本軍が1937（昭和12）年、日中戦争で南京を占領したとき、多数の中国人民衆を殺害したと認定した（南京事件）。なお、この事件の実態については資料の上で疑問点も出され、さまざまな見解があり、今日でも論争が続いている。」（二九五頁）

「つくる会」の教科書は日本の加害責任をほとんど指摘することなく、被害のみを言い立て、それと引き替えに他国の残虐行為（中国共産党のチベット人殺害・米国原爆投下・ナチスのユダヤ人虐殺など）を強調してみせている。

（3）沖縄戦について

国内でほぼ唯一、激しい地上戦があった沖縄戦はどのように描いているだろうか。

〔申請本〕「1945（昭和20）年4月には、沖縄本島でアメリカ軍とのはげしい戦闘が始まった。日本軍は戦艦大和をくり出し、最後の海上特攻隊を出撃させたが、猛攻を受け、大和は沖縄に到着できず撃沈された。沖縄では、鉄血勤皇隊の少年やひめゆり部隊の少女たちまでが勇敢に戦って、10万の島民が生命を失い、日本軍の戦死者も11万を数えたといわれている。

戦争は悲劇である。しかし、戦争に善悪はつけがたい。どちらが正義でどちらが不正という話ではない。国と国とが国益のぶつかりあいの果てに、政治では決着がつかず、最終手段として行うのが戦争である。アメリカ軍と戦わずして敗北することを、当時の日本人は選ばなかったのである。」（二八三頁）

これに対し、「見本本」はどのような記述となったのか。

〔見本本〕「1945（昭和20）年4月には、沖縄本島でアメリカ軍とのはげしい戦闘が始まった。日本軍は戦艦大和をくり出し、最後の海上特攻隊を出撃させたが、猛攻を受け、大和は沖縄に到達できず撃沈された。沖縄では、鉄血勤皇隊の少年やひめゆり部隊の少女たちまでが勇敢に戦って、一般住民約9万4000人が生命を失い、10万人に近い兵士が戦死した。」（二七九頁）

＊傍線部分は修正個所。

「申請本」にある後段部分「戦争に善悪はつけがたい」云々は、まるまるカットである。「戦争＝国益のぶつかりあい」という記述はあっさり引っ込められた。技術的な修正が無理な場合は、無節操に自説を取り下げる。

自説はなぜ引っ込められたか。「戦争に善悪はつけがたい」という、彼らのパワーポリティックス観そのものに注意しておく必要がある（次節の「国家戦略観による歴史教科書」で詳しく論じている）。

3　文体を問う――「形容詞」と「修飾句」のオンパレード

『新しい歴史教科書』の特徴の一つは「文体」にある。「物語」風に語るその語り口は大げさであり、時に滑稽である。形容詞と修飾句のオンパレードである。

この文体に注目するとき、ある重要なことが発見できる。以下に紹介する記述を、読者はいかに受け取るであろうか。傍線部分を意識して読んでいただきたい。できたら感情をこめて、声に出してみてほしい。

（1）太平洋戦争について

太平洋戦争勃発を力説する記述である。

「1941（昭和16）年12月8日午前7時、人々は日本軍が米英軍と戦闘状態に入ったことを臨時ニュースで知った。

日本の海軍機動部隊が、ハワイの真珠湾に停泊する米太平洋艦隊を空襲した。艦は次々に沈没し、飛行機も片端から炎上して大戦果をあげた。このことが報道されると、日本国民の気分は一気に高まり、長い日中戦争の陰うつな気分は一変した。第一次世界大戦以降、力をつけてきた日本とアメリカがついに対決することになったのである。

同じ日に、日本の陸軍部隊はマレー半島に上陸し、イギリス軍との戦いを開始した。自転車に乗った銀輪部隊を先頭に、日本軍は、ジャングルとゴム林の間をぬって英軍を撃退しながら、シンガポールを目指し快進撃を行った。55日間でマレー半島約1000キロを縦断し、翌年2月には、わずか70日でシンガポールを陥落させ、ついに日本はイギリスの東南アジア支配を崩した。フィリピン・ジャワ（現在のインドネシア）・ビルマ（現在のミャンマー）などでも、日本は米・蘭・英軍を破り、結局100日ほどで、大勝利のうちに緒戦を制した。

これは、数百年にわたる白人の植民地支配にあえいでいた、現地の人々の協力があってこその勝利だった。この日本の緒戦の勝利は、東南アジアやインドの多くの人々に独立への夢と勇気を育ん

だ。」（二七六～二七七頁）

この記述の語りは、武勇伝や政談を語る講談調に乗せればよいのかもしれない。次に引用するのは、ある別の教科書の太平洋戦争勃発に関する記述である。『新しい歴史教科書』とその文体に注意して、比べていただきたい。読みはじめるや、この教科書が何ものであるか、すぐにおわかりいただける方が多いことと思う。

「昭和十六年十二月八日、しのびにしのんで来たわが国は、決然としてたちあがりました。忠誠無比の皇軍は、陸海ともどもに、ハワイ・マライ・フイリピンをめざして、一せいに進攻を開始しました。勇ましい海の荒鷲が、御国の命を翼にかけて、やにはに真珠湾をおそひました。水づく屍と覚悟をきめた特別攻撃隊も、敵艦めがけてせまりました。空と海からする、わが猛烈な攻撃は、米国太平洋艦隊の主力を、もののみごとに撃滅しました。この日、米・英に対する宣戦の大詔がくだり、一億の心は、打って一丸となりました。二重橋のほとり、玉砂利にぬかづく民草の目は、決然たるかがやきを見せました。

……昭和十七年を迎へて、皇軍は、まづマニラを抜き、また破竹の進撃は、マライ半島の密林をしのいで、早くも二月十五日、英国の本陣、難攻不落をほこるシンガポールを攻略しました。その後、月を重ねて、蘭印を屈伏させ、ビルマを平定し、コレヒドール島の攻略がなり、戦果はますます拡大されました。相つぐ大小の海戦に、撃ち沈められた敵の艦船は、おびただしい数にのぼってゐます。……

この間、三国同盟は、一だんと固められて、独・伊も米国に宣戦し、日本とタイ国との同盟が成立して、大東亜建設は、更に一歩を進めました。今や大東亜の陸を海を、日の丸の旗が埋めつくし、日本をしたふ東亜の民は、日に月によみがへつて行きます。すべてはこれ御稜威《みいつ》と仰ぎ奉るほかありません。」

これは、第六期『国定教科書　初等科国史　下』一九四三年版（一七八〜一八一頁）である。両者にみる「語り」の共通性。「語り」としての歴史物語への志向。大げさな文体と滑稽にさえ感じさせる言葉の使用・乱用。『新しい歴史教科書』は、戦前国定教科書の『国史』の再来ではないのか。『国史』の修正再版である。けっして「新しい」のではない。それは陳腐であったのだ。

『国史』の記述は、引用最後の部分で、「日本をしたふ東亜の民」としている。戦前の教科書は、決してアジア民族の「独立」を目指した、とは書かない。「日本をしたふ（慕う）」アジア民衆の涵養＝アジア人の日本化こそがねらいであった。アジアの人々の「独立」を助けたというのは、「つくる会」なりの『国史』教科書の修正であり、作為的発展であった。

もう一つ、同じような比較をしてみたい。『新しい歴史教科書』に一貫して見られる特徴を見極めたいからである。

（２）日露戦争について

日露戦争の記述について、今度は『国史』の記述からはじめよう。傍線は筆者によるものである。

「わが聯合艦隊司令長官海軍大将東郷平八郎は、四十余隻の艦隊を率ゐて、これを迎へ撃ち、ここに、皇国の興廃をかけた大海戦が、折から風烈しく波の高い日本海上に、くりひろげられました。

この日を待ちかまへたわが将兵は、司令長官の激励にこたへて勇戦力闘、決戦二昼夜にわたつて、敵艦十九隻を撃沈し、五隻を捕らへ、敵司令長官を俘虜《ふりよ》にしました。わが損傷は、きはめて軽微で、世界の海戦史に例のない全勝を博しました。しかもこの際、わが将兵は、溺れる敵兵を救ひ、俘虜を慰めるなど、よく皇軍の面目を発揮したのであります。

……

日露戦役は、世界の一大強国を相手とする大戦役で、日清戦役に比べて、はるかに大きく、また困難な戦ひでありましたが、わが国は、御稜威のもと、挙国一体、連戦連勝して、ロシヤの野心をくじき、大いに国威をかがやかしました。……しかも、この戦勝によつて、わが国は、世界における地位を、諸外国にはつきりと認めさせるとともに、東亜のまもりに重きを加へ、これまで欧米諸国に圧迫されて来た東亜諸民族の自覚をうながし、これを元気づけたのであります。」（一四二～一四四頁）

では、『新しい歴史教科書』のほうはどうか。

「ロシアは劣勢をはね返すため、バルト海を根拠地とするバルチック艦隊を派遣することに決めた。約40隻の艦隊は、アフリカの南端を迂回し、インド洋を横切り、8か月をかけて日本海にやってきた。東郷平八郎司令長官率いる日本の連合艦隊は、兵員の高い士気とたくみな戦術でバルチック艦隊を全滅させ、世界の海戦史に残る驚異的な勝利をおさめた（日本海海戦）。

……

日露戦争は、日本の生き残りをかけた壮大な国民戦争だった。日本はこれに勝利して、自国の安全保障を確立した。近代国家として生まれてまもない有色人種の国日本が、当時、世界最大の陸軍大国だった白人帝国ロシアに勝ったことは、世界中の抑圧された民族に、独立への限りない希望を与えた。しかし、他方で、黄色人種が将来、白色人種をおびやかすことを警戒する黄禍論が欧米に広がるきっかけにもなった。」（二二二～二二三頁）

「世界の海戦史に残る驚異的な勝利」（『新しい歴史教科書』）と「世界の海戦史に例のない全勝」（『国史』）という日露戦争勝利への「賛辞」。「世界中の抑圧された民族に、独立への限りない希望を与えた」（『新しい歴史教科書』）と「欧米諸国に圧迫されて来た東亜諸民族の自覚をうながし、これを元気づけた」（『国史』）という日露戦争の「意義」づけ。『国史』執筆者がいまに生き返って西尾幹二氏らに乗り移って（とりついて）書かせたのか、とおもわず空想させられてしまう。それほど両者は似ている。

それにしても、『新しい歴史教科書』にみる「有色人種」「黄色人種」「白色人種」という用語。あからさまなレイシズム（人種主義）が目に飛び込んできて驚かされるし、恐怖すら感じる。この完全なるレイシズムの主張は、国定教科書『国史』ですら記述をためらったのではないのか。この点では、『新しい歴史教科書』は『国史』の上をゆく。

4　戦後改革について——憲法・教育基本法の精神の否定

ここは簡単に紹介したい。結論をいえば、「占領下の日本」という章立てで始まる戦後史は、戦後改革の意義にはできる限り触れない、ないしは過小評価する意図において書かれている。平和と基本的人権の保障、民主主義の尊重、などの記述は極端に抑えられている。日本国憲法の「押しつけ」的側面や、第九条の戦力放棄と安全保障思想との矛盾なるものが、少ない字数の説明文のなかに書きこまれている。

「申請本」にはなかった教育基本法の説明が、検定修正意見によって「見本本」に次のように入り込んだ。

「民主主義教育の原則がうたわれ、義務教育を小学校・中学校あわせて9年間とする6・3・3・4年制の学校制度が新しく導入され、男女共学も広がった（新教育の開始にともない、教育勅語の排除・失効が衆参両院で決議された）。」（二九三頁）

『新しい歴史教科書』は、教育基本法を付け足しで処理したのである。

『新しい歴史教科書』は、戦前第六期・国定教科書『初等科国史』（『修身』も）の再来であるといった。大げさな言葉の使用。語り口調。形容詞と修飾句の乱用。どれも共通する特徴であった。

「つくる会」の理事であり、『新しい歴史教科書』の執筆者の一人である坂本多加雄学習院大学教授は、歴史教育の課題は「国民形成の物語を教えること」であるとする（『歴史教育を考える』ＰＨＰ新書、一九九八年）。物語の強調。ストーリー性の導入。歴史はストーリーそのものであるという考え方が坂本によって主張されていた。「つくる会」教科書には、坂本のこの考え方が大きく反映されているると考えていいだろう。

先の『国史』編纂には、それまでにない特別な編纂意図があった。『国史教師用教科書』にはその意図が明瞭に書かれている。

「新教科書（第六期『国史』のこと――引用者）は、その表現に於いて、国語の教科書にかなり接近したものといへる。しかも、その文体は、新たに敬体口語を採用し、児童をして親しみ易からしめるやうにした。このことは、国史を物語風の歴史たらしめる企図に、与って大いに力ある点である。」（「初等科国史　上　教師用」一九四三年度以降使用、『近代日本教科書教授法資料集成』第七巻、東京書籍、一九八三年、三四一頁）

国史を物語風にあらためること、児童に親しみやすいものに書きあらためること。それは同時に、歴史的事実の歪曲であり、客観的な史実の記述の放棄であった。そうして皇国史観は完成したのである。

日本ナショナリズムは、「物語」を巧みに利用した。ナショナリズムは、「物語」を伴って登場してきた歴史があった。

そしていま、また、「物語」は、新たなナショナリズムに結びついて、われわれの前に現れてきた。『新しい歴史教科書』にみるナショナリズムと物語の同居。過去に示されたこの危険な機能を、もう一度しっかりと捉える必要があるだろう。

『国史』再来を許してはいけない。

第3節　国家戦略観による歴史教科書
――『新しい歴史教科書』（扶桑社、二〇〇一年版）

「つくる会」の歴史認識の歪《ゆが》みは、彼らの国家戦略観（パワー・ポリティックス）と深く関連している。「戦争に善悪はつけがたい」「国益と国益のぶつかりあいが戦争である」という彼らの国家観。植民地民衆がいかに尊厳を踏みにじられ、そして、独立への希望をいかに生みだそうとしたのか、そうした他者への思いが全く欠落しているのがその国家観であった。「つくる会」の「戦略論的思考」の問題点を明らかにしてみよう。

学校には、教科書の他に教師用「指導書」がある。検定を必要としない、現場の学校におかれていつでも利用可能な教師用「指導書」には、「つくる会」の歴史認識の本音がはっきり示されていた。

本節では、前節で検討した扶桑社の二〇〇一年版『新しい歴史教科書』について、検定前の「申請本」と、多くの修正をほどこして検定を通過した「見本本」（現在も書店に置かれている「市販本」）と、「指導書」の三つを比較してみたい。「申請本」→「見本本（市販本第六刷）」→「指導書」を分析することで彼らの意図がより鮮明に見えてくる。検定時にやむなく修正したものの、教科書使用時に作成・配布される教師用指導書においては「申請本」の記述をそのまま利用するであろう、との予想はすでにあった。筆者の結論は、「指導書」は、「申請本」以上に「つくる会」の率直な意図が表れている、ということである。

ここでは、これら三つの「本」を比較して、侵略戦争と植民地教育の実態という点に焦点を絞って、「つくる会」の記述を問題にしてみたい。そして、なぜ、彼らが侵略戦争と植民地教育という事実を否定しようとするのか、その原因を、彼らの基本的な近現代史認識（国家戦略論）にそくして探り出してみようと思う。すなわち、彼らが重視する「戦略論」を検討し、その考えの根本に「戦争のできるデモクラシー国家づくり」があることを論じていきたい。

1　侵略戦争・植民地教育はいかに叙述されたか

（1）素通りする「植民地教育の実態」

三つの本の記述の変化を追うために、少していねいに引用を重ねてみる。「申請本」は、アジア太平洋戦争を扱う単元「戦時下の国民生活」における「国民の動員」のところを、以下のように書いていた。「つくる会」は、「大東亜戦争」という用語を使っている。

「大東亜戦争の戦局が悪化すると、国内の体制はさらに強化された。労働力の不足を埋めるため徴用（略）が行われ、また、中学3年以上の生徒・学生は勤労動員、未婚女性は女子挺身隊として工場で働くことになった。また、大学生や高等専門学校生は徴兵猶予が取り消され、心残りをかかえつつも、祖国を思い出征していった（学徒出陣）。

物的にもあらゆるものが不足し、寺の鐘など、金属という金属は戦争のため供出され、生活物資は窮乏を極めた。だが、このような困難の中、多くの国民はよく働き、よく戦った。それは戦争の勝利を願っての行動であった。」（二八七～二八八頁）

国民の「戦争の勝利を願っての行動」を強調する。この記述を生かし検定を通すために、「見本本」では、「大東亜戦争」のあとに括弧をつけて（太平洋戦争）を加え、さらに、「学徒出陣」のあと、次のような文章を挿入した。植民地における動員についてである。

「このような徴用や徴兵などは、植民地でも行われ、朝鮮や台湾の多くの人々にさまざまな犠牲や苦しみをしいることになった。このほかにも、多数の朝鮮人や占領下の中国人が、日本の鉱山などに連れてこられて、きびしい条件のもとで働かされた。また、朝鮮や台湾では、日本人に同化させる皇民化政策が強められ、日本式の姓名を名乗らせることなどが進められた。」（二八三～二八四頁）

同化、皇民化政策、創氏改名などを修正文として入れたのである。また、「民間の犠牲」の表題を「戦争の惨禍」へと書き換え、日本国内における戦争の犠牲にとどめていた記述を、アジアにおける犠牲・惨禍へと意味を広げている。

「戦場となったアジア諸地域の人々にも、大きな損害と苦しみを与えた。特に、中国の兵士や民衆には、日本軍の進攻により、おびただしい犠牲が出た。また、フィリピンやシンガポールなどでも、日本軍によって抗日ゲリラや一般市民に多数の死者が出た。」（二八四頁）

では、「指導書」は、「見本本」にある植民地の動員や戦争の犠牲について、授業の展開をどのように記述しているのか。

そうした授業展開例はまったく記されていない（三三四～三三五頁）。それぞれ二〇分間で扱うとされる「国民の動員」と「戦争の惨禍」は、皇民化政策やアジア諸地域の「苦しみや損害」について一切触れようとしない。わずかに「外地にいた中国人や朝鮮人だけでなく、外国人捕虜や刑務所の囚人まで動員したこと」が確認される程度である。国内における動員の実態と生活の扱いだけである。「見本本」で加筆された部分は、見事に無視され、素通りさせられていた。

(2) 大東亜戦争を「植民地解放と日本の功績」で教える

アジア太平洋戦争の実態と目的をどのように教えるか。これは教科書問題の中心テーマである。「申請本」は、単元「大東亜会議とアジア諸国」における「アジア諸国の独立と日本」の書き出しを、次のように始める。

「日本軍は開戦直後から、アジアの解放を戦争目的の一つにかかげていたが、いつどのようにアジア諸国を独立させるかという具体的な計画性は乏しく、手探り状態だった。日本軍は当初、占領地域を軍政下において独立運動の取りしまりを行ったため、裏切られたと感じたアジアの民衆も多かった。また、それまで欧米の植民地支配下で利益を得ていた人々による、抗日ゲリラ活動もおこった。しかし、日本はそれでも、欧米諸国が数百年もの間、決して認めなかった独立をビルマ、フィリピン、インド、ベトナム、カンボジア、ラオスの各国に承認した。」（二八五頁）

日本によるアジア諸国の独立が基本的な主張になっている。「見本本」は、「アジア諸国と日本」と修正して、日本が独立を促したという主張を修正する記述にした。

「しかし、大東亜共栄圏のもとでは、日本語教育や神社参拝が強要されたので、現地の人の反発が強まった。また、戦局が悪化し、日本軍によって現地の人々が苛酷な労働に従事させられる場合もしばしばおきた。そして、フィリピンやマレーなどのように、連合軍と結んだ抗日ゲリラ活動がさかんになる地域も出てきた。日本はこれにきびしく対処し、また日本軍によって死傷する人々の数も多数にのぼった。」（二八一頁）

ここは大幅な書き換えがなされたところである。日本語の強制やその反発、「苛酷な労働」や「日本軍による死傷」との表現を用いて、植民地住民への弾圧に触れている。

問題は、「指導書」が実際の授業でこの教科書の記述をどのように展開させようとしたかである。「指導書」における「本時のねらい」は、「大東亜会議を開催し、大東亜宣言が発せられたことによって、わが国の戦争に対する理念が明らかになったことに注目させる」と、もう一つ、「大東亜共栄圏におけるアジア諸国との関係では、さまざまな問題もあったが、日本の進出によって独立を早めるきっかけになったことも理解させる」（三三二頁）としている。日本がアジア諸国の独立を早めた、という「申請本」の記述のねらいに戻っている。

二〇分を使うとされる「アジア諸国と日本」の項目は、「植民地解放と日本の功績」と題する、より明瞭な趣旨の資料を子どもたちに提示して、教師の範読を促す。その資料とは、つくる会の賛同者である岡崎久彦著『重光・東郷とその時代』（ＰＨＰ研究所）からの抜粋であり、「大東亜戦争が結果としてアジアの解放をもたらしたことは事実であるが、それに対する日本の功績は次の二つに尽きる」にはじまる部分であった。長くなるのでこれ以上の引用は避けるが、「指導書」は、この資料の範読ののち、「アジア解放に対する日本の功績を二つノートに書きなさい」（三三三頁）と述べ、以下の点を子どもたちに確認させるよう指示する。

「有色人種が白色人種に勝てることを示したこと」「日本人が東南アジアの人に戦争の仕方を教えたこと」。

「指導書」は、あからさまな「大東亜戦争＝アジア解放戦争」の教え込みであることがわかる。

（３）一〇分間で扱う「韓国併合」の授業

世論の注目を集めた、「韓国併合」の記述部分を見てみよう。「申請本」は、韓国併合は「欧米列強から支持」を受け「合法的に行われた」と記述し、多くの批判を浴びた。

「日露戦争後、日本は韓国に韓国統監府を置いて、支配権を強めていった。１９１０（明治43）年、日本は韓国を併合した（韓国併合）。これは東アジアを安定させる政策として欧米列強から支持されたものであった。韓国併合は、日本の安全と満州の権益を防衛するには必要であったが、経済的にも政治的にも、必ずしも利益をもたらさなかった。ただ、それが実行された当時としては、国際関係の原則にのっとり、合法的に行われた。しかし、韓国の国内には、当然、併合に対する賛否両論があり、反対派の一部から激しい抵抗もおこった。」（二四二頁）

これにたいし、「見本本」は以下のように修正した。

「こうして１９１０（明治43）年、日本は韓国内の反対を、武力を背景におさえて併合を断行した（韓国併合）。

韓国の国内には、民族の独立を失うことへのはげしい抵抗がおこり、その後も、独立回復の運動が根強く行われた。

韓国併合のあと、日本は植民地にした朝鮮で鉄道・灌漑《かんがい》の施設を整えるなどの開発を行い、土地調査を開始した。しかし、この土地調査事業によって、それまでの耕作地から追われた農民も少なくなく、また、日本語教育など同化政策が進められたので、朝鮮の人々は日本への反感を強めた。」（二四〇頁）

修正には、「欧米列強からの支持」や「合法的に行われた」が削られ、それに代わって、「武力での併合」や、「反対や抵抗」の事実、「独立運動」「同化教育」が追加され、さらに一方で、鉄道・灌漑施設の整備など近代化（開発）がすすんだことが書き加えられた。

「指導書」は、この韓国併合を含む単元「世界列強の仲間入りをした日本」のねらいを、「他方、日本の快挙（日露戦争の勝利のこと。「快挙」としている！――引用者）は旧植民地に『西洋人の支配も永遠の運命ではない』という大きな希望を与えたが、近隣の韓国には日本に併合されるという運命が襲いかかる。列強の一員となった近代日本が抱え込むことになった宿命的な矛盾に気づかせたい」（二八〇頁）とした。「宿命的な矛盾」、韓国併合はこのように運命づけられた避けられない矛盾として理解させようとしていた。

韓国併合は、なんと一〇分で教えるという短い扱いになっている。「指導書」は、「韓国内に抵抗があったこと、日本が韓国の近代化を進めたこと、同化政策が反感を強めたこと、を補説する」とした後、西洋列強と対等になりたいという明治日本の努力が実ったとき、同時に弱小国韓国を支配する側にたった日本の運命について、子どもたちにノートを書かせるように指示している。生徒からどんな発表が出ると予想しているのか。「指導書」の考えはこうだ。

「日本には支配者になってほしくなかった」「日本が同じアジア人を支配してはいけないと思った」などの後に、「弱肉強食の世界で日本の安全を守るためだったのだから、やむをえない」「日本が進出しなければ、朝鮮半島はロシアに支配されていたのだからやむをえない」が続き、最後に「併合以外の道はなかったのだろうか」という生徒の質問を予想する。

この質問に応えるかたちで、韓国の自治を守りながら日本と信頼関係ある同盟国に導くという、伊藤博文の「保護国化論」に触れ、この考えはロシアが朝鮮半島の南端まで進出する意思を捨てていなかったので「現実的でなかった」ことを教える（二八一〜二八二頁）としている。

韓国併合は、「宿命的な矛盾であり、併合以外の道はあり得なかった」ことを教えることになっている。武力で押さえつけられ、耕作地を追われ、それゆえに抵抗や反感を示し、独立運動を起こす朝鮮半島の人々の気持ちや立場を教えるということは、まったく念頭にはないのである。

２　基底にある〈パワー・ポリティックス〉観

『新しい歴史教科書』は、「序章」、「第1章　原始と古代の日本」、「第2章　中世の日本」、「第3章　近世の日本」、「第4章　近代日本の建設」、「第5章　世界大戦の時代と日本」からなり、三三六頁のうち、第四章の近代以降が一七〇頁、本書の半分以上を使っている。「つくる会」は近現代史を重視している。

だから問題は、近現代史を重視する一方で、侵略戦争と植民地教育の実態についてはそれを軽視、あるいは否定しようとする記述の関係ということになる。どうして彼らは侵略戦争という考えを否定し、植民地教育の実態を無視して日本の近現代を教えようとするのか。その近現代史とはどのようなものか。

すなわち、国家戦略観にたつ彼らの近現代史認識は、明治以降における四つの戦争から侵略の意味を剝《は》ぎ取り、植民地は開発という側面からとらえる、ということではないのか。

もう少し言葉を補って説明すれば、彼らの近現代史認識の基底にはパワー・ポリティックス観があって、それが先に見た「申請本」→「見本本」→「指導書」の記述を生み出しているのではないだろうか、ということである。力（軍事力）による政治と社会支配が国際政治を決定する要因であり、その力の見極め（軍事力による均衡の維持あるいは打破）が決定的に重要視されるのである。日本の近現代史をパワー・ゲームに見立てて叙述する。そこにはゲームの敗者と勝者が基本的にいるだけである。ゆえに、植民地や侵略という概念は不要、ということなのではないだろうか。

それはたとえば、次のような記述に端的である。「申請本」にあって、「見本本」にはまるまる消えた韓国併合後の記述はこのようになっていた。

日露戦争における日本の勝利によって、中国や朝鮮などアジア諸国は、近代国家を目指すナショナリズムに初めて目ざめたとする一方、「日本は、欧米列強の仲間入りをし、力の均衡という新しい秩序に組み込まれていった」という。「日本には、大国としての義務と協約の中で進む以外の、いかなる道も残されてはいなかった」とし、「こうした国際政治での日本の苦しみを、当時の中国人や朝鮮人は、理解することができ」ず、「そして、日本人も、中国人や朝鮮人の苦しみを理解する心を、しだいに失い始めていた」（二四三頁）とする。

「力の均衡」という新しい秩序に入る以外にいかなる道も残されていなかったという認識。そして、それを理解できない中国人や朝鮮人という図式である。端的なパワー・ポリティックス観による描写ではないだろうか。「指導書」は、この部分を以下のような文章で説明している。

「一九世紀の弱肉強食の国際関係の中で、日本は列強の一員となっています。これまで独立国のことは西洋列強とよんできましたが、それは独立国のすべてが白人国だったからです。その中でただ一国、黄色人種の国であり、アジアの国である日本が彼らと対等なメンバーとして加わりました。日本国民の多くは、これは『世界の一等国』になったと喜びました。こうして、四五年間続いた明治の時代は終わります。」（二八三頁）

パワー・ゲームの勝者として、率直に「喜び」を表明している記述である。さらに別の例を引こう。「申請本」は、明快にいう。

「戦争は外交の手段であり、政治の延長であった。ときに政治上のゲームでさえあった。」（二四五頁、傍線部分は「見本本」でカット）

以下の記述も同様の理解ができる。

「戦争は悲劇である。しかし、戦争に善悪はつけがたい。どちらかが正義でどちらかが不正という話ではない。国と国とが国益のぶつかりあいの果てに、政治では決着がつかず、最終手段として

行うのが戦争である。」（「申請本」二八三頁、「見本本」でカットされる）

不正も正義も存在しない。戦争は政治に決着をつけるゲーム、という意見の表明である。いったいなぜ、このような考え方をもとにして教科書が記述されたのだろうか。それを考える時、手がかりとなるのは、「指導書」にたびたび登場する参考文献である。参考文献は、直接授業中の資料を供する文献にもなる。

とくに目立つのが、藤岡信勝著『教科書が教えない歴史』（全四巻、産経新聞社）と岡崎久彦の一連の著作である（『陸奥宗光とその時代』『小村寿太郎とその時代』『幣原喜重郎とその時代』『重光・東郷とその時代』『戦略的思考とは何か』）。そして彼ら藤岡と岡崎こそ、パワー・ポリティックスの歴史観を強力に打ち出していた。藤岡は、パワー・ポリティックス観にもとづく歴史教育の必要性を主張しており、そして藤岡が理論的に依拠する人物こそ岡崎であった。そこで、藤岡信勝（「つくる会」の副会長で自由主義史観研究会代表）と岡崎久彦（「つくる会」賛同者で博報堂特別顧問）の思想を検討していくことにしよう。

3　国家戦略（国益）のリアリズムの陥穽

（1）戦略論による近現代史教育

藤岡は、すでに一九九六年に、自由主義史観研究会を立ち上げその成果をまとめた『近現代史教育の改革――善玉・悪玉史観を超えて』（明治図書）と『汚辱の近現代史』（徳間書店）で、はっきりとパワー・ポリティックス観による歴史教育の必要性を訴えていた。彼は、それを「戦略論からみた日本近現代史」と述べていた。すなわち、国際社会において日本人が、パワー・ポリティックスを自覚的に展開していくこと、そのための歴史認識と戦争認識を子どもたちに形成することが近現代史教育の目的であると、彼は述べていた。

藤岡は、戦略論の立場を重視し、それを「国家の生き残りと繁栄のための最高方針を研究する」ものと説明し、「欧米の知識人、政治家、各界指導者の基礎的教養の一部になっている」とする（『近現代史教育の改革』一二九頁）。日本の近現代史は戦略論という眼鏡をかけないと理解できず、恐らく、戦略論的な見方をしない限り、日本が明治維新以来なぜ、こうした歴史のコースを歩んできたのかということがわからないとする。「私たちが戦略論的立場から歴史というものを勉強し直すことが、今いちばん大切なのではないでしょうか」（『汚辱の近現代史』一一三頁）と主張していた。

彼は、「南京事件」や「従軍慰安婦」についての教科書の記述を攻撃し、その原因を東京裁判史観へのとらわれだとし、そうした教科書にコミンテルン史観＝暗黒史観＝自虐史観とレッテルを貼り、自らは自由主義史観を標榜した。このことはすでによく知られた事実である。本節で注目したいことは、彼がなぜ南京事件や従軍慰安婦の教科書記述を攻撃したのかの理由であり、近現代史を教育するうえで何が大切かを述べた点である。

彼は、自由主義史観を形づくる際のストラテジーとして、最初に司馬（遼太郎）史観をとりあげて全体的なイメージを与え、ついで、戦略論、数量経済史という分析的な議論にすすんできたと述べた。この議論で藤岡が共通に重視するのは、「リアリズム」という歴史叙述の視点である。司馬遼太郎の作品や発言は、「戦略論的見地から見た日本の国家戦略の最重要命題を述べたものである」とし、「戦略論的思考はリアリズムの集中的な実現形態であり、これからの歴史教育に不可欠の視点である」と述べている（『汚辱の近現代史』六七頁）。歴史のリアリズムは藤岡にとって国家戦略のリアリズムのことであった。

この戦略論のリアリズムに立てば、歴史はどのように記述されるであろうか。日露戦争について、一つ紹介してみる。藤岡は、「日本としては、朝鮮が開国して日本のような近代国家になってくれないと、どこかの大国の属国になってしまう」「朝鮮半島は日本に突きつけられた銃剣になってしまう」「それを阻止するために日本は朝鮮半島に手を突っ込まざるを得なかった」「日露戦争は日本にとって祖国防衛のための国民戦争であった」（同前、一五四頁）とする。

日露戦争は、極東の戦略環境に強制されて日本が戦わざるを得なかった自衛戦争であるという主張で、「朝鮮半島は日本に対するロシアの銃剣の役割を果たす」という認識。これが戦略論としてのリアリズムであった。だがここに朝鮮民族の生活と感情に寄り添う「歴史のリアリズム」はまったく見られない。

『新しい歴史教科書（申請本）』は、「朝鮮半島が日本に敵対的な大国の支配下に入れば、日本を攻撃する格好の基地となり、後背地をもたない島国の日本は、自国の防衛が困難となる。この意味で、朝鮮半島は日本に絶えず突きつけられている凶器となりかねない位置関係にあった」（二一八頁）と述べていた。『汚辱の近現代史』→『新しい歴史教科書』へ、主張は確実に継承されている。藤岡が執筆者に加わっているので当然ともいえるが。

さて、この藤岡の戦略論は、元外交官で戦略・外交研究家の岡崎久彦の著作に依拠して考えられていた。藤岡は、岡崎の『戦略的思考とは何か』をとりあげ、戦略的にものを考えるとはどういうことかを分かりやすく説明しているとする。「極東において究極的な力を誰がもっているかをハッキリさせること、岡崎氏のことばを使えば『力の実体』を見極めることです」（『汚辱の近現代史』一五七頁）と述べていた。「力の実態の見極め」、この端的なパワー・ポリティックス観を知るためにも、岡崎の著作を調べてみる必要がある。

（２）戦争のできるデモクラシー

『戦略的思考とは何か』（中公新書）は、一九八三年に刊行された、岡崎が外務省時代の著作であり、著者が今手元においてあるものは、一九九九年刊の第二三版である。二〇万部のロングセラーといわれる。「つくる会」の賛同者である長谷川三千子埼玉大学教授は、「いまも尚、われわれにとって切実な意義を失ってゐない」（『正論』一九九九年二月号）と述べ、戦略的思考の必要性がむしろますます高まっていると評価していた。

岡崎は、一九三〇年生まれ。外務省入省後、在米大使館などを経て、駐サウジアラビア大使、駐タイ大使を歴任している人物である。『戦略的思考とは何か』が出版された一九八三年は、中曽根康弘首相が日本列島不沈空母化発言をした年であり、臨時教育審議会が始まる一年前であることが注目されてよい。同書は、米ソ冷戦のただ中で書かれた冷戦的思考の典型ともされており、日本はアングロ・サクソンを、当然かつ唯一のパートナーとしていくべきとの国家戦略を表明している本であるが、

「切実な意義を失ってゐない」と受けとられる「戦略的思考」の基本的な考え方は、やはり注視して批判的に検討してみる内容が含まれている。

たとえば、表題「デモクラシーで戦えるか」の章のところで、まずはパワー・ポリティックスの意義が強調されている。「国家の行動というのは、畢竟はそれぞれの国の国家利益によって左右されるものであり、一見イデオロギーの対立の結果のように見えても、すべてパワー・ポリティックスで説明できる」とある。ここに国家戦略リアリズム追求の重要性が明白に主張されている。

ついで「日本はデモクラシーの体制の下で戦争ができるか」という挑戦的なテーマを立て、これについて、「国民が、日本の安全保障が本当に脅かされていると感じるか、あるいは日本も含めての先進民主主義全体の危機で、日本にも本当の脅威が迫っていると誰もが思うような場合ならば、日本は自由陣営の一員として戦うことになるでしょう」と予測する。それが可能なのは、戦争が「評判のよい戦争＝国民の支持する戦争」(popular war) であることと、戦争に納得して支持できるような「知らされた国民」(informed public) が確実に存在するという、そのような戦略が持てたときであるとしている（一〇九～一二五頁）。「評判のよい戦争」（ポピュラー・ウォー）と「知らされた国民」（インフォームド・パブリック）がつくられたとき、民主主義（デモクラシー）は戦争することができるとした。これは、冷戦時代が終わって、戦争のできる「普通の国家」づくりが焦眉の課題にのし上がってきた平和の危機のなかで、私たちが批判的に向きあうべき今日の支配的に流布する言説（論点）そのものではないだろうか。岡崎が注目される所以《ゆえん》である。

岡崎の『戦略的思考とは何か』はいう。「私の知るかぎり、先進国の大学で、戦略や軍事と題した講義を聞けない国は日本だけだ」と。そして、「国家が有する政治、経済、文化のすべてを含む種々の力の中で、古来何人も否定しえない最も基本的なものは、畢竟軍事力であって、この軍事力のバランスについての正確な認識のない国際関係論は、どこか心棒が一本抜けたものにならざるをえないという、常識的かつ、疑う余地のない認識をもつこと」（二六～二七頁）、これが戦略論の課題であった。「デモクラシーの体制下でも戦争ができる国家をつくること」。これが『戦略的思考とは何か』の主要課題の一つではなかったか。そのために、岡崎は、国家戦略の歴史（ナショナルヒストリー）を描き、歴史的根拠を見つけようとし、それが藤岡信勝の目にかなうこととなったのである。

岡崎は、近代前の日本をめぐる戦略的環境は、政界史上まれに見る安定性を示していたとし、「例外的安定」を長く得ることができ、「伝統的均衡」をたもってきたと述べる。それはパックス・シニカ、つまり「シナの優越で平和が保たれている状態」が有効に働いてきたからだという。しかし、近代に入ってこの「例外的伝統的均衡」が崩れ、そのために「戦略的な思考」の必要性が生じたとする。日本は、明治以降この戦略的思考を得ることに成功し、清（中国）や朝鮮は失敗したという。

注目すべきは、これまでの世界の戦略的環境における国際平和は、近代の国際政治思想が説くバランス・オブ・パワーによって維持されてきたのではなく（それはせいぜい数十年に過ぎない）、本当に長い平和はパックス・ロマーナのような圧倒的な力の差がある時だけ存在したと岡崎が述べた点である。パックス・シニカ然り、パックス・ブリタニカ然り、そしてパックス・アメリカーナ然りというふうに。したがって、パックス・シニカからパックス・アメリカーナ（アングロ・サクソン同盟）へ、これが日本の基本的国家戦略の正しい道筋である、というわけである。日本は明治以降、戦略的思考に基づき、パックス・シニカから脱却し、日清・日露戦争をよく戦い、国家戦略に成功したとする。しかし、日露戦争後、アングロ・サクソンに敵対した戦略をとったことが誤りであったとした。プロイセン型任務遂行型戦略からアングロ・サクソン風情報重視戦略へ、これが戦後の日本の国家戦略がとるべき反省点の一つであった（八〜二六頁）。

「朝鮮半島の戦略的意味」についての歴史的図説六枚を使って、この本は書き始められていく。「日清戦争で日本は台湾と莫大な賠償金を獲得しますが、それは戦争の本来の目的ではありません。戦争の目的は一にかかって朝鮮半島における日本の覇権を確立し、日本の安全保障を確実にする国際環境を確保することでした。」（二七頁）

こうして朝鮮半島の戦略的意味は、『戦略的思考とは何か』→『汚辱の近現代史』→『新しい歴史教科書』へと継承されたのである。岡崎の著作が「指導書」の参考文献になる理由がここにある。戦争のできるデモクラシー、このことを可能とするために用意されたのが、戦略論（パワー・ポリティックス）にもとづく近現代史教育＝『新しい歴史教科書』であったのである。

「つくる会」が重視する歴史のリアリズムとは、国家戦略（国益）のリアリズムのことであり、国益とは何かがまったく説明されない。「国益＝国民全体の利益」が無前提に使用されていた。国家と民衆・個人の対立は基本的に問題にされず、アジア諸民族間における連帯と共生・共感の思想は存在無きに等しかった。人類は、一八世紀にカントに代表される「人類の最高善＝永遠平和の実現」という思想を生み出したが、「つくる会」は意図的にそれを無視し、パワー・ポリティックスの世界史像を強引に描き出したのである。

「中請本」「見本本」「指導書」の三冊を読みくらべ、「つくる会」の教科書がいかに侵略戦争や植民地教育の実態を否定し、その叙述を軽視しているのかをみてきた。「つくる会」は、是が非でも検定を通すため植民地教育の事実を書き加えておき、しかし「指導書」ではその修正を一切無視するやり方を行った。そして、そうした記述が彼らの戦略論＝戦争のできるデモクラシー国家づくりという構想によるものだ、と指摘してきた。戦争を否定する民主主義の思想、その力量がいま鋭く問われている。

「つくる会」の動向は、一九九〇年代以降の世界を席巻するグローバリゼーションの反動であるネオ・ナショナリズム（新国家主義）として、つとに説明されてきた。このネオ・ナショナリズムに、戦略的思考が貫かれていることに、あらためて脅威と危険を感じざるを得ない。この点に私たちは深い注意をしなくてはならないだろう。

最後に、戦略論的な見方から子どもたちのリアルな感覚に応じているという藤岡信勝の指摘に簡単に触れておきたい。

藤岡は、戦略論にたって日本の近現代史を教えたある教師の発言を紹介する。すなわち、子どもたちは、イジメがあったり、ボスがいたりするクラスの中でどう生活するかという、ある種の「戦略論的な」環境のなかで生きているのではないか。歴史の戦略論的な見方は、こうした子どもたちにピッタリ合うといえよう。極東における日本の位置は戦略論的にいえば、島国であり、明らかに小国であって、小国の戦略として、いかに生き延びるかを考えることは、子どもの日々の生き方と繋がっていくと思われる。子どもの持っているバランス感覚が戦略論的な発想で歴史を学ぶことによって、引き出されるのではないだろうか（『汚辱の近現代史』一三七〜一三八頁）、と。

子どもたちは戦略論的な環境のなかに生きているというこの指摘は、注意しなくてはならないし、ある種のリアリティーが含まれている。いじめ・暴力の戦略論的環境からパワー・ポリティックスへ――このことの批判的な教育学的検討が重要になってこよう（この点は、第3章第1節の「戦略的な生き方と歴史認識」で検討している）。

いじめや暴力に不感症になり、それを肯定し、不正と正義を問いただすことを回避してしまう子どもたちへの真の教育的働きかけとはいったいどうあるべきか。明らかに「つくる会」は子どもたちの戦略的環境を、批判し克服する対象とはしていない。むしろ、いじめ・暴力の戦略論的環境を前提にして、ことを始めようとしている。したがって、いじめや暴力の原因をさぐり、それを克服する力を子どもたち自身がつくりだす、そうした教育実践をきり拓いてゆくことは、「つくる会」の思想を批判する大きな力になっていくともいえるのではないだろうか。

第４節 「扶桑社効果」は本当か？ 歴史認識をめぐるせめぎ合い
――『新しい歴史教科書』（扶桑社、二〇〇五年版）

最初の扶桑社版教科書（第２・３節で検討した二〇〇一年版）の採択率は、〇・〇三パーセントだった。しかし、「つくる会」副会長の藤岡信勝は、近年の歴史教科書には「従軍慰安婦」が記載されなくなったではないかと述べ、「扶桑社効果」を強調する。扶桑社版教科書への批判はねばり強く何度でも行う必要がある。

本節では、その後、検定を再び通った二〇〇五年版扶桑社教科書における「植民地主義の削除」の意図を検討しよう。そのために第２節同様、『新しい歴史教科書』と戦前『国史』教科書における歴史叙述の類似性を検証してみたい。たとえば、明治憲法を「言祝《ことほ》ぐ」民衆の姿の強調など、についてである。

藤岡信勝が主張する「歴史への共感」という学びの手法についても考えてみたい。それは、植民地主義を肯定してしまう日本人の「生き方」への共感であった。そこには、植民地主義に疑問をもった人々へ目を向けることはなく、植民地主義の意識をつくり出す社会の仕組みに子どもたちの学びの関心を向かわせることをしない、という大きな問題があった。

1　植民地主義の削除をねらう

日本のアジア政策の叙述をめぐる、四年前の「旧版」（市販本第六刷）→四年後の「申請本」→「見本本」を見比べてみよう。扶桑社版が日本のアジア政策における植民地主義の実態をいかに削除しようとしたのか、まさに隙あらばそのねらいを窺うものであったかを、示したい。「申請本」で、「旧版」をどのように書き直したのか、そして、修正意見を受け入れ、いかに検定を通過させたのか（「見本本」）、いくつかの事例を紹介していきたい。

（1）韓国併合について

「旧版」は次のようだった。「韓国の国内には、民族の独立を失うことへのはげしい抵抗がおこり、その後も、独立回復の運動が根強く行われた」（二四〇頁）。

「申請本」では以下のようになった。「韓国の国内には、一部に併合を受け入れる声もあったが、民族の独立を失うことへのはげしい抵抗がおこり、その後も、独立回復の運動が根強く行われた」（一七〇頁）。

修正意見を受け入れた「見本本」では、「韓国の国内には、民族の独立を失うことへのはげしい抵抗がおこり、その後も、独立回復の運動が根強く行われた」（一七〇頁）となっている。「申請本」では「一部に併合を受け入れる声」を入れ込もうとしたことがわかる。

（2）三・一独立運動について

三・一独立運動は、一九一九年三月一日を起点に、朝鮮の人々が植民地からの独立をめざして起こしたデモや騒動を指し、全土でのべ二〇〇万人が参加したとされる。日本はこれに徹底的な弾圧を加え朝鮮の人々約四万七〇〇〇人が死傷した。これについての叙述はどうなっているだろうか。

〈旧版〉「朝鮮総督府はこれを武力で弾圧したが、その一方で、それまでの統治の仕方を変えた。」（二四九頁）

〈申請本〉「朝鮮総督府はその参加者多数を検束したが、その後、これまでの武力でおさえつける統治のしかたを変更した。」（一八五頁）

〈見本本〉「このとき、朝鮮総督府は武力でこれを弾圧したが、その一方で武力でおさえつける統治のしかたを変更した。」（一八五頁）

「つくる会」が「武力で弾圧した」事実を消し去りたいと考えていたことがよくわかる。

（3）「満州事変」について

中国侵略戦争の起点となった中国東北部への侵略、いわゆる「満州事変」についてはどう述べているだろうか。

〈旧版〉「満州事変は、日中間の対立を深めたが、その後、停戦協定が結ばれ、両国の関係はやや改善された。満州国は、五族協和、王道楽土建設をスローガンに、日本の重工業の進出などにより経済成長を遂げ、中国人などの著しい人口の流入があった。しかし実際には、満州国の実権は、関東軍がにぎっており、抗日運動もおこった。」(二六八頁)

〔申請本〕「その後、中国との停戦協定が結ばれ、満州国は、五族協和、王道楽土建設のスローガンのもと、日本の重工業の進出などにより急激な経済成長をとげた。中国人などの著しい人口の流入もあって、満州国建国はしだいに既成事実となっていった。」(一九七頁)

「見本本」では、「中国との停戦協定が結ばれ、満州国は、五族協和、……」とつづき、以下、「旧版」とほぼ同じ記述に戻った(一九七頁)。「つくる会」は、「満州国」の建国によって経済が「急激に成長をとげた」とし、中国人は「満州国」を受け入れていった、としたかったわけだ。

(4) 太平洋戦争(大東亜戦争)について

「アジア諸国と日本」の項で、「申請本」は「日本は、占領した各地で軍政をしいた。現地の独立運動の指導者たちは、欧米諸国からの独立を達成するため、日本の軍政に協力した」(二〇六頁)と記述している。

これにたいし、「見本本」は、「この戦争は、戦場となったアジア諸地域の人々に大きな損害と苦しみを与えた。とくに中国の兵士や民衆には、日本軍の侵攻により多数の犠牲者が出た。日本は、占領した東南アジアの各地で軍政をしいた。現地の独立運動の指導者たちは、欧米諸国からの独立を達成するため、日本の軍政に協力した。」(二〇六頁)と修正を加え、さらに、「旧版」の記述も取り入れて、「しかし、日本の占領地域では、日本に対する反発もあった。連合軍と結んだ抗日ゲリラ活動もおこり、日本軍はこれにきびしく対処した。」（二〇七頁）「しかし、日本の占領地域では、日本語教育や神社参拝などをしいたことに対する反発もあった。連合軍と結んだ抗日ゲリラ活動もおこり、日本軍はこれにきびしく対処し、一般市民も含めて多数の犠牲者が出た。」（二〇七頁）と、修正意見に応じた叙述にした。「申請本」では被害の実態を記述しようとはしなかったのである。

「つくる会」が、いったいどのような考えで教科書を執筆しているのか、よくわかる例であったろう。日本のアジア政策の記述から植民地主義を消し去り、アジア諸国に近代化をもたらしたのが日本のアジア政策であった、という考えである。皮肉にも、検定によって、彼らの意図は思い通りには達成されなかったが、しかし、この扶桑社改訂版が、全体として、日本の侵略・加害には目をふさぎ、アジアの人々との友好関係を傷つけ、対立をあおる教科書であることは明らかである。

２　『新しい歴史教科書』と国定教科書『初等科国史』

明治憲法についての記述をみてみよう。「大日本帝国憲法の発布」の書き出しはこうである。

「１８８９（明治22）年２月11日、大日本帝国憲法が発布された。この日は前夜からの雪で、東京市中は一面の銀世界となったが、祝砲が轟き、山車が練り歩き、仮装行列がくり出し、祝賀行事一色と化した。」（一六〇頁）

扶桑社版は、まず、日本の民衆が明治憲法をこぞって言祝ぎしたことを強調する。これは、戦前最後の国定教科書（第六期、一九四三年）『初等科国史』（以下「国史」）の記述とそっくりである。「国史」の下はこう書いている。

「盛儀が終ると、青山練兵場の観兵式に臨御あらせられました。民草は、御道筋を埋めて、大御代の御栄えをことほぎ、身にあまる光栄に打ちふるへて、ただ感涙にむせぶばかりでした。奉祝の声は、山を越え野を渡つて、津々浦々に満ち満ちたのであります。」（一一三頁）

民草（＝日本の民衆）が、明治憲法を言祝ぎ、感激したとある。この「民草の奉祝」を際だたせる記述は、第五期（一九四一年）「国史」にはなかったものである。

第五期以前の「国史」には「教育勅語」の記述はない。大日本帝国憲法と教育勅語をセットにしての記述は、扶桑社と第六期「国史」の特徴なのである。扶桑社版は、教育勅語を「近代日本人の人格の背骨をなすものとなった」とのべ、旧版の扶桑社版「指導書」は「言葉はむずかしいけれど、どれも現代に通じる大切な道徳であるといえる」（二五五頁）とある。一方、第六期「国史」は、勅語発布の意図に触れ、「皇祖皇宗の御遺訓を明らかにせられ、尊い国がらをわきまへ皇運を扶翼し奉らなければならないことを、おさとしになりました」とした。

一九四三年の決戦体制下、第六期「国史」編纂の意図は何であったのか。『国史　教師用書』は、その編纂意図が記されている。第六期「国史」は、全体を通じて情感に訴え、感性的に歴史をとらえさせようとしており、「歴史物語」と呼ぶにふさわしい「新しさ」をそなえつつ、極端な皇国史観にたつ史実の全面的な改訂＝歪曲をねらった教科書であった（『近代日本教科書教授法資料集成　第七巻』東京書籍、一九八三年、佐藤秀夫「解説」）。『国史　教師用書』は、「憲法と勅語」について「一体的関聯に留意」せよと説き、「憲法発布の御盛儀は、特に説話に重点を置き、児童の感激が盛りあがるやう、適切な指導方法を講じて欲しい」とした。

また、次の点は注視したい。

「いはゆる憲政の発達を取扱ふには、万民に翼賛の途を開かせ給ふ叡智のほどに恐懼感激せしめることを根本とし、ついで、これが実現に当つた政府の努力を顕彰すべきであり、自由民権運動とこれに伴なふ官民軋轢《あつれき》の事歴などは、これを採りあげるべきではない。」（四五二頁）

『国史　教師用書』は、「公論」と「輿論《よろん》」を区別すべきと述べ、世間一般の人々の意見である「輿論」はとり上げるべきではない、と述べていた。これは大変重要な記述であり、自由民権運動を「官民軋轢の事歴」として認識し、こうした輿論を教科書に記述することは絶対にしてはならないとの考えを示した。戦時下、全体主義国家は「官民軋轢の事歴」を極端に警戒し、歴史から消し去る処置をとった。

扶桑社版は、自由民権運動を記述したものの、「条約改正と近代国家の建設のために、憲法と国会が必要であると考える点では、明治政府も自由民権派もちがいはなかった」（一五九頁）と述べていた。これは、自由民権運動を、「官民軋轢の事歴」としてとらえずに「万民に翼賛の途を開かせ給ふ叡智」にして「政府の努力を顕彰」する「公論」に結びつける試みであろう。「国史」編纂の意図に近づける記述と理解してよい。

「国史」は、「帝国憲法」のつぎ、「日清戦役」の項でこう述べる。

「わが国は、東亜をむしばむ欧米の列強に対し、あくまで東亜をまもらうとしました。ところが、朝鮮も清も、かうした形勢に目ざめず、ことに清は、自分を世界でいちばんえらい国と考へ、そのうぬぼれがぬけません。事ごとに、わが国のやり方にいひがかりをつけて、東亜の保全を、いつそう困難ならしめました。のちに、日清戦役が起るのも、まつたくそのためであります。」（一一五頁）

中国と朝鮮への蔑視観を示している。では、扶桑社版における同じ時期の記述はどうか。

「このような国際情勢の中で、中国（清朝）は、欧米列強の武力による脅威をじゅうぶん認識することができなかった。中国の服属国だった朝鮮も同じだった。」

「中国には昔から、自国の文明を世界の中心と考える中華思想があり、イギリスなどは、世界のはての野蛮な民族であるとみなしていた。そのため、西洋文明から学ぼうとする姿勢が欠けていた。その結果、清朝はしだいに列強に浸食され、領土の保全もあやうくなった。」（「申請本」から、コラム「明治維新とは何か」一四八頁）

『国史　教師用書』は、日清・日露戦争を「東洋の保全をめざす道義のための戦」とし、「道義のために戦ふことは、わが国以外にその例を求め難い」と述べ、「わが国が、朝鮮の独立保全を目ざして頑迷固陋《ころう》の清と戦い、戦勝によつて東洋に於ける主導的地位を獲得し」（四五四頁）たと解説している。日本は「頑迷固陋」の中国を撃つために道義の戦いを行った――この『国史　教師用書』の考えに、扶桑社の執筆者は大きな異論をもたないのではないだろうか。

扶桑社版は、明治憲法が民衆に積極的に受け入れられたとするのにたいして、日本国憲法は占領軍の押しつけであると強調する。それでもまだ「旧版」では、「教育基本法が制定されて民主主義教育の原則がうたわれ、義務教育を小学校・中学校あわせて9年間とする6・3・3・4年制の学校制度が新しく導入され、男女共学も広がった」とし、続けて「新教育の開始にともない、教育勅語の排除・失効が衆参両院で決議された」（二九三頁）とあった。ところが、改訂版では、この記述はすっぽり削られてしまった。欄外の「戦後のおもな改革」表に教育基本法が記されているのみとなった（二一三頁）。教育勅語の記述とくらべ、その違いは驚くほかない。「索引」に、教育勅語はあって、教育基本法がないもの、それが扶桑社版歴史教科書であった。

３　「歴史を学ぶとは」

扶桑社「旧版」には、序章に、西尾幹二執筆の「歴史を学ぶとは」があった。西尾は、「歴史を学ぶのは、過去の事実について、過去の人がどう考えていたかを学ぶことなのである」とした。事実ではなく、過去の人々がどう考えていたかを学ぶことが歴史の学びであるとした。そして、「歴史を学ぶとは、今の時代の基準からみて、過去の不正や不公平を裁いたり、告発したりすることと同じではない。過去のそれぞれの時代には、それぞれの時代に特有の善悪があり、特有の幸福があった」とし、「歴史は民族によって、それぞれ異なって当然かもしれない。国の数だけ歴史があっても、少しも不思議ではない」と述べ、「歴史に善悪を当てはめ、現在の道徳で裁く裁判の場にすることもやめよう」（六〜七頁）と主張した。

この歴史を学ぶ学び方は、つまるところ、日本におけるアジア侵略の事実を否定する＝誇りの歴史としての自国史中心の方法観を表すものにほかならない、と解釈できるだろう。

西尾は、この文章の再掲載を希望したが、改訂版責任者＝藤岡信勝は、ほとんど別な文章に置きかえた。藤岡は、「先祖が生きた歴史」と「日本文明の伝統」を学ぶことを強調し、最後に歴史を学ぶためには「自分のこととして想像する」必要を述べた。つまり、自分のこととして先祖の歴史と日本文明の伝統を学ぶ、ということだ。先祖や伝統の強調という点では、「旧版」の基調と変わらないだろう。

藤岡は、「歴史を学ぶのは、過去におこったことの中で、過去の人がどう考え、どう悩み、問題をどう乗り越えてきたのか、つまり過去の人はどんな風にいきていたのかを学ぶことだ」と述べ、「歴史を学ぶときに大切なことは、それぞれの時代に先祖が直面した問題を知り、私たちもその同じ問題を自分のこととして想像してみることだ。そうすると、歴史上の事実が、単に暗記すべきばらばらのできごとではなく、その背後にある人々の願いや動機、事実と事実とのつながりとしてみえてくるだろう」（六頁）とした。藤岡は、歴史は「裁判の場、告発の場であってはならない」という表現を避け、歴史上の人物への想像と共感という教育方法観を提示したといえよう。余計な論争を生み出さないという配慮か？　ともかく、歴史は暗記科目ではないとする学びの手法を論じた点は注視したい。

この点で、かなり前に読んだ、藤岡の「共感」についての論文（『社会認識教育論』、日本書籍、一九九一年）を思い起こしてみたい。

藤岡は、歴史教育における「共感」の意義を述べていた。そして、本多公栄著『ぼくらの太平洋戦争』（鳩の森書房一九七三年）に言及し、それを高く評価し、本多における歴史上の人物への共感の指導を、次のように整理する。

・被害者たるアジアの人々が自分たちと同世代の中学生であったこと

・加害者たる日本国民が、自分たちの学級の父母であること

とくに、ここで注目したいのは、藤岡が「加害者としての日本人」をどのように教えるかについて意見を寄せ、「加害者に共感する」ことを説き、「戦争をやらなければならない身になってしまった原因」を探る意義を述べ、そうして、子どもたちの学習は、「共感から分析へ」とすすむと論じたことだ。「個人に共感するといっても個人の行動を正当化し、批判しないのではない」とし、「単なる批判ではなく、批判と理解を組み合わせて」「社会のしくみが析出されることが重要」だと論じた（同書、一一〇頁）。

また、人物学習の方法では、「昭和史論争」に触れて、「人間不在」の歴史記述の克服を問題にする文脈で、「民衆が侵略戦争を支持し、積極的に協力した側面も分析されなければならない」と述べ、その場合には「マスコミや教育のはたした役割の研究」も重要だと述べた。人物と政治機構との関連に意を用いた歴史学習を主張した（一三〇頁）。

一九九〇年代のはじめ、藤岡は、共感の対象を、先祖や伝統といった抽象化された対象ではなく、アジアの被害者や加害者としての日本人に定めて議論を行っていた。加害者についていえば、批判と理解を組み合わせて、社会のしくみを析出する「共感」学習を提起した。

藤岡のこの歴史教育の提起をあれこれ批判吟味したいのではない。そうではなく、少なくとも、九〇年代のはじめ、藤岡は歴史学習における被害と加害の問題を考えていたという事実を重視したいのである。それにくらべ、いまの藤岡は、「自分のこととして想像する」共感は論じ得ても、以前のような被害者と加害者へ共感を寄せる学習の構想は、まるっきり欠如しているといってよいのである。

アジアの被害者へ思いを寄せること、加害者としての日本人における罪責の念を問うてみること、藤岡がいう想像力は、けっしてそこに向かうことはない。植民地主義を肯定する日本人への共感、つまり植民地主義的な生き方を自分のこととして想像する、そのためにだけ「想像力」が使われている。それがいまの藤岡の姿であった。

過去の自分の仕事を裏切ることを、いま、藤岡は、平気で行っている。これは悲しいことであり、普通であれば、研究者としてのモラルが問われるだろう。

旧版執筆代表者である西尾幹二は、『民族への責任』（徳間書店、二〇〇五年）で、採用率〇・〇三九パーセントの事実に憤り、採用にかかわった全国の教育委員に不信感と怒りを露わにしている。西尾は、教育委員が、得体の知れない「全体主義」に立ち竦《すく》み、「政治的な集団心理」に迎合したという。注意したいことは、何が全体主義を生み出したかの彼の認識である。

「現代で公衆が抗弁できない言葉は何だろうか。恐らく自由、平等、平和はもう古い。私の推測を許していただくなら、この国ではこれを掲げれば有無をいわせぬ力をもち、人々を全体主義的世界のとりこにしてしまう言葉は、例えば『人権』、『友好』、『環境』、『共生』などであろうか」「つまりわれわれの時代が東ヨーロッパ型の『後期全体主義』に辷《すべ》りこむように移行していく妖しい可能性の兆候は、どう考えても、今の日本のあり方からすれば、左からくる」（二九六頁）

西尾が本気でこのようなことを考えていることに驚く。そうだとしたら、市民運動こそ全体主義ということになる。「平和のままのファシズム」、これをソフト・ファッシズムというのだそうだ。

あからさまな市民運動への敵視。民主主義的な手続きにしたがう合意形成に対するシニシズム。人権保障、共生地域空間の創造、環境保全、友好連帯などにかかわる人々の努力への蔑み。西尾の思想の根底にあるものは、こうしたニヒリズムであった。

過去の日本の侵略主義と全体主義を記述することを自虐史観として拒否し、あろうことか、現代に生きる、平和や自由や人権や共生を求める人々の努力と願いを全体主義と言いかえてしまうこの強弁。このような立場の人物は教科書執筆者としてふさわしいといえるだろうか。

第5節　新教育基本法下の歴史教科書問題
――『新しい日本の歴史』（育鵬社、二〇一一年版）

二〇〇六年に成立した新教育基本法の下、「愛国心の育成」（同法第二条）を楯に、自由社と育鵬社は自らの教科書に自信をのぞかせ、書店も「市販本」を平積みにした。

本節では、二〇一一年版の育鵬社教科書を材料に、植民地主義の問題を検討してみよう。この思想は、現在にいたるも私たちのあらゆる生活と文化の隅々に生き続けているのではないのか。この批判を喚起するのがポストコロニアリズム思想であるが、これを育鵬社歴史教科書は攻撃する。そこで、植民地で近代化は進んだ（「良いこともした」！）、沖縄戦では若い学徒は勇敢に戦い自決した、という育鵬社版の記述を批判的に検討してみた。

1　新教育基本法と歴史教科書問題――自由社と育鵬社の歴史教科書とは何か

二〇一二年度中学校使用の、自由社版『新しい歴史教科書』（「新しい歴史教科書をつくる会」編、会長は藤岡信勝）と育鵬社版『新しい日本の歴史』（日本教育再生機構＝教科書改善の会編、座長は伊藤隆、育鵬社は扶桑社の子会社）が、そろって二〇一一年三月の検定に合格した。藤岡と伊藤は、かつて、扶桑社版『新しい歴史教科書』で、共同で執筆に携わっていたが、その後、別々の出版社から出版する組織分裂に至ったことは第1節でもふれた。両書は、人脈からいって、扶桑社版の『新しい歴史教科書』の考え方を引き継いでいることは明らかである。日本人の誇りを自覚させる狙いのために、アジア侵略戦争と植民地支配を正当化し、アジアの人々との共生の途を否定する、その危険性と問題点は何度でも取りあげる必要がある。新しい装いもこらしてあるので、その点への注意深い分析も大切だろう。

藤岡も伊藤も、「市販本」で、自分たちの本が「伝統と文化の尊重」「我が国と郷土を愛する」などの新教育基本法第二条が示す教育目標をよりよく達成するように作成したと述べている。学習指導要領にある「我が国の歴史に対する愛情を深め、国民としての自覚を育てる」にきちんと則っており、どの教科書が本当にこれらの目標を達成しているか、国民の目で見比べてほしい、と自信をのぞかせている。自由社教科書・育鵬社教科書は、新教育基本法をバックに置いて（＝強力な味方につけて）、自らの存在価値を押し出している。歴史教科書の問題を新教育基本法との関連でしっかり批判することが、ことのほか重要になっている。

『正論』（産経新聞社）は、これまでにも扶桑社以外の教科書を「自虐史観」と批判してきたが、この二〇一一年の検定教科書をめぐってはアイヌや沖縄などの記述が著しく増えたとの論陣を張った。これは「国民教育であるにも拘わらず、国民統合ではなく、国民を分断する狙い」であると指摘する。『正論』は、こうした思想的背景に、植民地にされた側や被抑圧民族の立場から歴史を再解釈しようとするポストコロニアリズムの影響があると述べ、「豊臣秀吉の朝鮮出兵」「南京虐殺」「沖縄戦集団自決」「戦時徴用」に関する他社（東京書籍、帝国書院、教育出版、清水書院、日本文教）との記述を比較し、いずれも一面的断定的な記述だとして、「国民国家の解体」を意図していると攻撃した（教科書問題研究会編「自虐・反日度を深める歴史・公民教科書」『正論』二〇一一年六月号）。

伊藤隆も同様にポストコロニアル理論の悪影響を述べる。蒋介石を「しょうかいせき」と教えないで「チャンチェシー」と中国語で読ませて、日本近代史をあえて悪く貶め、子どもたちを日本嫌いにさせているとする。「日本国民」としての自覚や誇りではなく、「地球市民」として生きようと「教唆」するものであるとのべる。ポストコロニアル理論は特定のイデオロギーであり、一三歳から一四歳の中学生に教えるのは「行き過ぎ」であるとする（どのような根拠があってそう述べるのか不明である）。それに対し、育鵬社版は「日本がもっと好きになる」教科書であると自負する（「日本がもっと好きになる育鵬社教科書」『正論』二〇一一年六月号）。

ポストコロニアリズムとは、一九七〇年代後半から一九九〇年代にかけてあらわれた歴史分析の考え方の一つである。たとえば、戦後になっても植民地時代の負の遺産・遺制は簡単にはなくならず、植民地主義は現在にいたるもあらゆる文化や生活の隅々に生きつづけているのではないのか、という考え方に立って、歴史を「ポストコロニアルな政治状況」ととらえ、それを批判的に分析していこうとする思想である。それは、私たちが現代という時代にふさわしく植民地主義という差別を批判できる、よりよく生きる思想を得るためにという考えを含んだ歴史分析の手法の一つだと考えていいだろう。育鵬社版はそれに最大の敵意を向けている。

そこで、以下、自由社版・育鵬社版の中から、「韓国併合」と「沖縄戦集団自決」に関する二つの記述に絞って、そこで何が書かれているのか、を検討してみよう。検定前の「申請本」と検定後の「見本本」（ここでは「市販本」を使う）を比べることを通して、最初に意図した彼らの狙いと本音はどのようなものであったのか、そして検定合格のためにいかに修正せざるを得なかったのかを見ていき、彼らの歴史記述の問題点を明らかにしたい。

私は、『近衛新体制』（中公新書）『昭和期の政治』（山川出版社）などの著作がある育鵬社版座長の伊藤隆の姿に、史実を延々と並べ重ねていく「実証主義者」をみていた。その伊藤は、二〇一一年の検定に際して「教科書でいうと、根拠のないことは書かず、実証的な記述で勝負するしかないのです。私は育鵬社の教科書検定を通じて文科省とやりあい、前進していくというつもりで臨みたいと思います。学習指導要領はよくできているんですから」（『教育再生』二〇一〇年四月）と述べていた。では、「実証的な記述の勝負」で何が明らかにされたのか。学習指導要領に即した実証的な記述を心がけながら、結局、学習指導要領を作成した当の文科省によって、伊藤の「実証的な記述」がいかに否定される結果となってしまったのか。これは興味深い問題である。

２　「韓国併合」について――植民地の近代化論とは何か

まず、「韓国併合」をとりあげてみたい。自由社版の記述から始めよう。

〈申請本〉「韓国国内には、一部に併合を受け入れる声もあったが、民族の独立を失うことへのはげしい抵抗がおこり、その後も、独立の運動が根強く行われた」。

この記述に対し、「誤解するおそれのある表現」との検定意見がつき、「市販本」では、「一九一〇（明治四三）年、日本は、武力を背景に韓国内の反対をおさえて、併合を断行した（韓国併合）。韓国の国内では、民族の独立を失うことへのはげしい抵抗がたびたびおこった」と改められた。傍点部「一部に併合を受け入れる声もあったが」が削除されている。

次の修正・変更も重要である。

（申請本）「併合後におかれた朝鮮総督府は朝鮮で鉄道・灌漑の施設をつくるなどの開発を行い、土地調査を実施した。また、学校も開設し、日本語教育とともに、ハングル文字を導入した教育を行った」。これを、以下のように修正した。

（市販本）「併合後におかれた朝鮮総督府は、植民地政策の一環として、朝鮮の鉄道・灌漑施設をつくるなどの開発を行い、土地調査を実施した。また、学校を開設し、日本語教育とともにハングル文字を導入した教育を行った」。

鉄道や灌漑の施設整備、学校の開設は、「植民地政策の一環」であることをつけ加えた。さらに、以下の文章をあらたに側注に載せた。「これらの近代化事業によって、それまでの耕作地から追われた農民もすくなくなく、また、その他にも朝鮮の伝統を無視したさまざまな同化政策を進めたので、朝鮮の人々は日本への反感をさらに強めた」。

「申請本」は、①朝鮮民族内部に併合を望む者がいたこと、②併合後（植民地化されて）、鉄道や学校が整備されるなど近代化が進んだことを伝える意図が明らかにあったことがわかる。これらは文科省の検定でさえも認めることはできなかったといえよう。

注意深い検討を加えたいのは、育鵬社版の記述である。韓国併合に関する記述で、終わりの部分は以下のようになっていた。

〔申請本〕「一九〇九（明治四二）年、伊藤博文が満州で韓国人の安重根に暗殺される事件がおこりました。一九一〇（明治四三）年、政府は韓国併合に踏み切り、その統治のため朝鮮総督府を置きました。欧米列強にも、朝鮮半島の問題で日本に干渉する意図はありませんでした」。

問題は、付表にあった。以下の付表に、検定意見がついたのである。

「韓国併合後の朝鮮の変化」『朝鮮総督府統計年報』より

調査年度	一九一一年	一九三六年
人口	一三八三万人	二一三七万人
戸数	二八一万戸	四一〇万戸
農耕地面積	二七一万町歩	四五〇万町歩
米生産量	九七八万石	一九四一万石
麦生産量	五〇二万石	一〇四〇万石
豆類生産量	二九八万石	四七七万石
雑穀生産量	五〇〇万石	八一一万石
造林植樹数	一一九万本	一八六〇万本

普通学校（現在の小学校）数　三〇六校　二四一七校
普通学校生徒数　三二一三八四人　七六五七〇六人

この付表について、「日本の植民地経営の実態について誤解するおそれのある数字である」という検定意見がついた。そこで、「市販本」では、「豆類生産量」と「雑穀生産量」の段を削除して、以下の文章を先の部分に追加させて、検定を合格したのである。

〔市販本〕「日本の朝鮮統治では、植民地経営の一環としてコメの作づけが強いられたり、日本語教育など同化政策が進められたので、朝鮮の人々の日本への反感は強まりました」。

この付表の数字をめぐって、育鵬社側（伊藤隆）と文科省の間で、「実証の勝負」が行われたのではないかと想像したい。『朝鮮総督府統計年報』を根拠に、朝鮮植民地支配は近代化に貢献した（人口の急増・米の増産・近代的な学校の普及など）と主張する育鵬社側と、植民地経営の実態への誤解をおそれる文科省側の対立という構図である。結果は、近代化に貢献したとの育鵬社側の意見で検定側を押し切ることはできなかった、ということだろう。

さて、ここで、近代化に貢献したという典型的な「主張」をもう一つ紹介したい。朝鮮総督府が刊行した『普通学校修身書』巻五（第二次朝鮮教育令期使用、一九二二年〜、小学五年生使用）の第二課「我が国（その二）」の記述である。総督府は、修身の時間を使って、朝鮮の子どもたちに、なぜ朝鮮民族は日本に「併合」されなければならなかったのかを説明している。併合されることで、朝鮮人は

「日本人」としての誇りと幸福を獲得できるという教え（道徳）がそこには書かれている。まず、子どもたちが使った「児童用」を紹介してみる。

「当時朝鮮は内には党派の争があって国内が一致せず、政治が振はないで、民力は大いに疲弊しました。それればかりでなく外交にもたびたび失敗して困難しました」「かゝる朝鮮の外交上の失敗は、やがて東洋の平和をみだすにいたりましたから、日本はついに正義のために、支那や露国と戦ひました。」

これは日清日露戦争の理由の説明である。しかし、「多年の弊政は全く除くことがむずかしく、民心はなお安らかでありませんでした。それで朝鮮人中にも国利民福のため、日本との合併を望む者が盛んに出て来ました」。こうして、韓国併合が実現したという記述となっている。

朝鮮民族は、独立して自らの国家を治めることができず（他律史観）、朝鮮人のなかからも日本との合併を望む要望があったとし、そうすることこそが朝鮮人の幸福を得ることにつながるという道徳が説かれている。

注目したいのは、この「児童用修身書」の理解を深めるために作成された「教師用修身書」の叙述である。この本は、子どもたちに口頭で説明する要領を書いたものと理解していただきたい。なぜ、併合が必要であったのか。ここにこそ、「児童用修身書」には書かれていなかった、植民地支配によっていかに朝鮮社会が「近代化」されたのかが、得々と書かれていた。おそらくは、一九一九年の三・一独立運動後の情勢に応じた、運動を押さえ込むために必要とされた書き方であったろうと思われる。

「昔は大抵道路が悪く、交通は極めて不便で、旅行には非常に難儀をしましたが、今では方々に広い平かな道路が通じたばかりでなく、陸には汽車、海には汽船が往来して、交通がまことに便利になりましたので、旅行するにも、昔の人の難儀したやうなことは夢にも知らないのです。」

「……又政府は農事の改良を図つたり、養蚕を勧めたり、商工業の進歩を図つたり、その他あらゆる方面に力を用ひて、人民の利益幸福の増進につとめてゐます。その上、人民に貯蓄を奨励して、生活を安楽にさせるやうに努めてゐます。之を昔にくらべれば、人民はどれほど幸福であるか分かりません。」

「昔は学校と云つてもほんの名ばかりのものでその数も少なく、教え方も極めて行き届かなかつたのが、今は立派な学校が多く設けられ、その数も年々に増し、その教へる事柄も、教へ方も昔の比ではありません。」

植民地朝鮮では、政治的社会的平等がすすみ、近代的な学校が整備され、医療・衛生・福祉が発展し、農業と工業など産業のインフラ整備が行われ、朝鮮民衆の生活は向上していった、というわけだ。このあからさまな説明・主張。朝鮮総督府はこのようにして自らの植民地支配を正当化しようとした。私たちは、この点をしっかり記憶にとどめておく必要があるだろう。

先の『朝鮮総督府統計年報』の付表（数字）は、どのような説明の文章も置かず、そこに掲載されていたのだから、これは総督府版「教師用修身書」の主張に似る解釈を生みだしかねない。育鵬社版が申請段階で、ひと言の説明文も書かなかったことは、大変に大きな問題があった。「日本の植民地経営の実態について誤解するおそれのある数である」という検定意見は、その限りで正しい。

では、この付表の数字はどう理解すればいいのだろうか。植民地支配の「善政」のおかげという解釈になるだろうか。

人口の増加についていえば、調査漏れがひどく、特に多くの女性が漏れていたことがわかっている。信頼できる調査（数字）は一九二五年（簡易国勢調査）以降とされ、現在の研究者がそれをもとに「推計調査」した場合の数値は、実際のところこうなるという。一九一〇年を一〇〇とすると一九三五年は一三六。これを日本と比較すると、日本は同じく一九一〇年を一〇〇として、一九三五年は一四四。朝鮮の人口増加はそれほど急激なものではない。

米の増産はどうか。たしかに総督府は、一九一〇年から三〇年間の産米増殖計画を立案し実施している。しかし、収穫高の増加は朝鮮の農民の増収には結びついていない。大量の米は日本へ移出されており、米の増産は朝鮮内消費を犠牲にして達成された。朝鮮では米消費がむしろ激減し、満州からの粟その他の雑穀に依存する事態に陥っていった。

学校はどうみるか。一九三〇年の時点で、朝鮮は義務教育ではなく、就学率は一六パーセントにとどまり、大多数の子ども（特に女子）は就学機会を保障されず、ほとんどが労働に従事していた。教育内容は、「国語」としての日本語教育と「低度」実業教育に偏り、私立学校など自らの教育文化を創造しようとする動きは厳しく弾圧・抑圧された（『日本の植民地支配　肯定・賛美論を検証する』水野直樹・藤永壮・駒込武編、岩波ブックレット、二〇〇一年、参照）。数字のかげに隠れた現実はこのようであったのだ。

朝鮮植民地支配はけっして「近代化」を否定しない。むしろ支配するために「近代化」を必要ともする。だから、その近代化はゆがんだ近代化であり、押しつけがましい近代化であり、朝鮮民族の尊厳性を軽視する反発と憤りを生みだす近代化であっただろう。数値の実証性とはそうした意味内容を読み解くことでなければならない。数値の意味内容を説かない（解けない！）育鵬社版の「実証性」とは、これほどに危険なものなのだと思う。

3 「沖縄戦集団自決」について——日本軍の関与をめぐって

第二次世界大戦末期の沖縄戦で、住民が「集団自決」を強いられるという悲劇が起きたことは、よく知られている。この問題を育鵬社版歴史教科書はどう扱っているだろうか。

「沖縄戦集団自決」に関する教科書記述の争点は何か。「集団自決」そのものは否定しようがない事実である。問題は、それが日本軍による「強いられた自決」という性格を描くかどうかである。日本軍の関与を否定すれば、自決は沖縄住民が国に殉じて死を自ら選んだ、崇高な自己犠牲の精神による死であることを教えることになる（天皇の軍隊の名誉を回復し、戦争を肯定する）。軍の関与を描けば、軍隊は沖縄住民（自国民）を守るどころか住民に銃を向け犠牲を強い、死に追いやるものであるということを教える（軍隊の反民衆性）。ここに論点が凝集される。

二〇〇八年度の高等学校歴史教科書検定で、文科省は軍の関与を削除するよう検定を行った。削除の指示に従って出版社七社が応じて検定合格となった（第3章4節参照）。検定意見の根拠は、渡嘉敷《とかしき》島と座間味《ざまみ》島に起きた集団自決をめぐって提訴された原告の主張にある。元守備隊長らは、集団自決の命令は出していない、と大江健三郎の『沖縄ノート』（岩波新書、一九七〇年）の出版差し止めを求めて裁判を起こした（大江・岩波沖縄戦裁判）。藤岡信勝ら自由社版・育鵬社版にかかわる人々は、原告を強力に支援してきた。

大江・岩波沖縄戦裁判は、大阪地裁判決（二〇〇八年三月）、大阪高裁判決（二〇〇八年一〇月）と原告が敗訴となり、二〇一一年四月二一日、最高裁は、上告を棄却し、原告敗訴が確定した。「集団自決の命令は出していない」は認められなかった。

判決の影響は大きいはずで、この意味で、二〇一一年の教科書検定における沖縄戦集団自決に関する記述は注目された。そして、文科省の検定がいかに杜撰《ずさん》でいい加減なものであったのかが明瞭にもなった。自由社版・育鵬社版と他の出版社との比較をしてみる。先ほど紹介した『正論』（二〇一一年六月号）の教科書問題研究会は、軍の関与を記述した他の出版社を「いずれも一面的な見方」とし、学習指導要領違反であると糾弾している。では、『正論』がまとめたその記述をみてみよう。

自由社版、育鵬社版以外の出版社の記述をまずは注意深く読んでほしい。

「日本軍によって集団自決に追いこまれた住民もいました」（東京書籍）。

「集団自決をせまられた人もあり」（日本文教）。

「日本軍によってスパイと疑われて殺害されたり、殺されたり集団で自決を強いられたりした人々もいました」（教育出版）。

「日本軍によって、食料を奪われたり、安全な壕を追い出され、砲弾のふり注ぐ中をさまよったりして、多くの住民が犠牲になりました。……人々は集団死に追いこまれたり、禁止されていた琉球方言を使用した住民が日本兵によって殺害されたりもしました」（帝国書院）。

「軍部や役所、民間機関が一体になった戦時体制のなかで『捕虜になって悲惨な目にあうよりは自決せよ』と、宣伝され、教育されてきた住民のなかには、ほかにすべもなく、兵士や役人などから配布された手榴弾《しゅりゅうだん》などを用いて、家族を殺して一家自決をしたり、地域でまとまった集団自決へと追いこまれていった人もおおぜいいた」（清水書院）。

必ずしも十分とはいえない教科書もあるが、軍の関与をどれも書いている。この記述と比べ、自由社版と育鵬社版はどうか。

育鵬社「市販本」は、「そうしたなかで、沖縄の中学生や女学生の中には、この戦いに従軍して、命を落とす人も少なくありませんでした。米軍の猛攻で逃げ場を失い、集団自決する人もいました」と書く。なお、「申請本」では「（アメリカの機動部隊が沖縄に侵攻してきたとき）日本軍とともに多くの沖縄県民も一丸となって戦い、中学生や女子学生も学徒隊として戦列に加わりました」が書かれていたが、「戦局の悪化への思いの例に偏りがある」との検定意見にしたがい、この部分は削除され、別の文章に置きかえられた。育鵬社版は、若い女子学生らは、日本軍によく協力し、米軍の猛攻に自ら選んで自決したとの考えをとっていることがはっきりする。

自由社版の「申請本」には次の長い文章があった。

「一九四四（昭和一九）年七月、日本人移住者が数多く住むサイパン島が陥落しました。ここでは、敵の手に捕まるとどのような目に遭うかが、住民に目撃されていました。数百人の住民が米軍によって飛行場の奥に追い込まれ、女性だけが別の場所に連れ出されると、残った子供と老人はガソリンをまかれ、生きたまま焼かれていきました。その様子を見ていた人々は、マッピ岬に向かい、断崖絶壁から次々と海に身を投げました。」

しかし、「太平洋戦争について一面的な見解を十分な配慮なく取りあげている」との検定意見が付され、この部分は削除された。そして、「米軍が上陸する中で、追いつめられた住民が、家族ぐるみで集団自決する悲劇が起こりました。日本人の集団自決は、ソ連軍に侵攻された満州でも、樺太でもおこりました」（自由社版「市販本」）との記述が残された。自由社版は、集団自決は米軍の残虐な攻撃によって引き起こされた、との認識であった。

両書に、日本軍が関与した、との記述はまったくない。沖縄戦をはじめ、戦場各地で起きた集団自決は、日本軍の無謀で無責任で理不尽な「玉砕」戦略によって生まれたものであるという基本認識が全くできていないことは明らかである。

大江・岩波沖縄戦裁判の大阪地裁判決は、日本軍が駐屯しなかった場所では集団自決が発生しなかった事実をとらえ、集団自決について日本軍は深く関与していると判断した。

大阪高裁判決は、とくに、言論と出版表現の自由について、特別の判断を示している点が注目される。公共の利害（公務員など）に関すること、つまり軍隊という国家権力の行為については、自由な言論を保障する必要性が特に高いことを述べた。公共的な事項に関することや高度に公共の利害に関する事実に関する言論は十分にその自由が保障されなければならず、言論を萎縮《いしゅく》させてしまうような事態は避けなければならないと述べ、以下のようにいう。

「特に公共の利害にかかわる事柄については、本来、事実についてその時点の資料に基づくある主張がなされ、それに対して別の資料や論拠に基づき批判がなされ、更にそこで深められた論点について新たな資料が探索されて再批判が繰り返されるなどして、その時代の大方の意見が形成され、さらにその大方の意見自体が時代を超えて再批判されてゆくというような過程をたどるものであり、そのような過程を保障することこそが民主主義社会の存続の基盤をなすものといえる。」

集団自決における軍隊＝国家権力がはたした役割についての教科書の記述は、まさにそうした「過程を保障する」にふさわしい事例だと思う。文科省が決めた特定の見解にもとづく記述を強制した検定意見は、不当・誤りであり、「民主主義社会の存続の基盤」を危うくするものであろう。高裁判決は文科省検定意見とそのシステムを批判する点でも重要であった。

4 歴史研究と歴史教育――「日本人の誇り」を記述する陥穽

本節の最後に、彼らの歴史教育観の問題性について少し触れておきたい。

伊藤隆は、歴史教科書づくりに込めた「決意」を語っている(『教育再生』二〇〇七年六月)。彼は、従来の歴史教科書は自虐史観・階級史観に満ちており、「生徒自身がその最後の方の登場人物であるという、われわれ自身のまさに履歴書であることの意識を欠き、どこか人間や世の中を突き放した科学的記述に終始」しているとする。「われわれ自身が将来そのなかに登場することになる歴史は、まず面白い物語であるはずで、教科書も読んでそれ自体が楽しくなければならない」という。

この表現は、かなり曖昧さを残しているが、その主張の核心は「科学的記述」に終始するのではなく「面白い物語」で叙述するということであろう。育鵬社版執筆者には、伊藤よりはるかに明瞭に、「科学的記述（歴史的事実）」ではなく「歴史的物語（自国の誇りと愛の涵養）」を重視するという考え方を率直に表明する者がいる。

長年「つくる会」にかかわってきた岡崎久彦（元駐タイ大使）は、「私が歴史の真実性に固執したのは、それまでの教科書が、国家に対する忠誠心の否定、政府あるいは上長の権力に対する抵抗、伝統と教養の無視、既存の道徳的観念の破壊のみに急であり、そのために歴史的事実を歪曲し、あるいは些少な事実を誇大に記述していたのを是正するのが目的であった」と述べる。岡崎にとって、「歴史の真実性」は伝統的教育の批判（国家への忠誠心の否定）に結びついてはならないということである。

「もし私が古代史を書いていれば、その歴史的真実性を問うことには重点を置かず、むしろ古来の説話を中心として、民族の伝統と文化を学ぶという基本的な教養の涵養を本義と考えたであろう」と述べる。国家と民族に対する愛情と義務の涵養こそ今後の歴史教育の最重要課題であるとする（「教育再生は歴史教育の再生から始まる」『教育再生』二〇〇九年六月）。

渡部昇一（上智大学名誉教授）は、「幼年者や少年・少女に与える自国の歴史、つまり国史は、自分の国に誇りを持たせるようでなければならない」と述べ、「国史の教科書は単なる歴史事実の研究であってはならない」と強く主張する。「歴史的事実を扱うだけのことは、歴史研究ではあっても、国史という虹を示してはくれない」とし、歴史研究（歴史的事実の究明）と歴史教育（国家への誇りの涵養）は区別されなければならないと述べる（「日本の歴史の『美しい虹』を見せてくれる教科書」、育鵬社「市販本」より）。

岡崎、渡部ともに、科学的な歴史研究（歴史的事実の究明）を国家への忠誠と日本人の誇りの涵養という教育目的に従属させるという考え方をもっている。歴史的事実の科学的究明に根底的で最終的な価値を求めず、むしろその姿勢を嫌う。この点はしっかり明記しておきたい。歴史研究と歴史教育（歴史叙述）を対立させてしまう問題である。

では、なぜ国家への忠誠と日本人の誇りの強調なのだろうか。中西輝政（京都大学教授）の言葉に即して言えば、今後グローバル化社会に日本が適応していくためには、再び日本人は元気を回復する必要があり、その元気のもとこそ、自国の個性に対する自信と誇りを学ぶ「歴史力」をしっかりと国民の心に形成することにあるということだ（「『歴史力』こそ、国際社会を生きる力」、育鵬社「市販本」より）。グローバル新自由主義経済体制に適応するためにこそ、育鵬社版歴史教科書が書かれる必要があった。

私は「日本人の誇り」を否定しない。ただ、そのためには、歴史的事実にきちんと向きあい、学ぶ必要があると思っている。植民地支配責任と戦争責任を科学的事実に即して探求し考えぬくことで、はじめて日本人は人間としての誇りを取りもどすことができるのではないのか、と考える。

第６節　戦後民主主義と戦後教育学を敵視する公民教科書

――『新しいみんなの公民』（育鵬社、二〇一一年版）

育鵬社版の公民教科書（二〇一一年版）についても検討してみよう。採択率は約四パーセントである。この教科書は、原発を「政治の恩恵」という文脈で記述していた。そして、私たちは国家に守られて生活していると述べ、原発推進を強調する。国家を監視して国家に権利保障を要求する人権思想が大変にうすい。このあたりのことから検討してみたい。

執筆者の一人、日本教育再生機構の理事長・八木秀次（高崎経済大学教授）は、『反「人権」宣言』（ちくま新書、二〇〇一年）で次のようなことを述べている。人権が無軌道な子どもをつくり出す、人権が家族の絆を脅かす、人権がジェンダー・フリーを煽《あお》って女性を不幸にする、と。こうした人物の書いた公民教科書は、どんな中身になるだろうか。

1　原発の記述――「政治の恩恵」という文脈

育鵬社版『新しいみんなの公民』（以下『公民』）教科書は、原発をどのように記述しているだろうか。原発は、「国家と私たちの関係を考えましょう」という項目で取りあげられている。「国家規模の政策について、どのように考えればよいのでしょう」と『公民』教科書は問う。原発は国策問題として扱われている。では、育鵬社本は、国家をどのようにとらえ、説明しているのか。そして、原発の推進をいかに根拠づけているのか。

「国家に守られて生活する私たち」。原発はこの文脈で扱われる。以下、『公民』の記述を読んでみよう。傍点部分に注意していただきたい。「私たち国民は国に守られ、国の政治の恩恵を受けています。しかし、主権者として政治を動かす力をもっていることを忘れてはいけません。同時に、国家に保障された権利を行使するには、社会への配慮が大切であり、そして権利には必ず義務と責任がともないます」（傍点は引用者、以下同様）。「国家と私」の関係にとって重要なことは、私が国家に守られ、政治の恩恵を受けている、という自覚である。育鵬社版『公民』教科書が、なにより伝えたいことはこれである。そして、原発は、国家の恩恵を受けている典型的な事例であった。

『公民』は、教室内の生徒のディベートを意識して、「市に原子力発電所の開発計画がもち上がった！」という事例を示し、原発の「現状」と「賛成派と反対派（対立）」、そして「話し合い（効率と公正）」と記述の工夫をしてみせ、最後の「結果の実行（合意）」で、結局、原発推進に導いていく。「市民が原子力発電所と共存し、安心して生活できるように国や市や事業者が全力で取り組むことが求められます」（二三三頁）と述べる通りであった。

実はこの「結果の実行（合意）」の箇所では、検定意見がつき、育鵬社は削除と修正を行っていた。この削除と修正の経緯に、育鵬社の本音（原発推進への意欲）をしっかりと見ることができる。「申請本」は、つぎのように記述していた。

「(原発) 計画の推進か中止かについて、最終的な意思決定は、住民による投票によって決まりました。住民投票の結果は、市は世界最大級の原子力発電所を建設することになりました」。

これについて、「理解し難い表現である」との検定意見がつき、育鵬社は「世界最大級の原子力発電所の建設」部分を削除し、次のような記述におきかえた。

「……住民投票が行われることになりました。その結果を受けて、議会で審議が始まります。地域振興や漁業補償などの配慮がなされ合意が成立し、建設を受け入れることになった場合は、放射能漏れの防止や……」。

「地域振興や漁業補償などの配慮」は、実際のところ、原発交付金に依存する財政体質を関連自治体に強いるなど多くの問題を持っていた。それはともかく、こうした記述の削除と修正を補うことで、原発推進への検定通過を試みたことに注意したい。それにしても、記述は消えたが、「世界最大級の原子力発電所を建設」とは、面食らってしまう。

育鵬社は、どのような論拠をもちいて原発推進を述べようとしたのか問題にしなければならないだろう。原発を「国家と私」の関係問題 (国策) に入れ込み、「国家に守られて生活する私」を強調してみせ、「国の政治の恩恵を受けている」ことを重視する文脈をつくり出すことで、原発推進を導いていた。ここに明らかなことは、国家を監視して国家に権利保障を要求するという人権の思想がないことだ。私たちは、この「国家と人権」問題を検討する必要がある。

2　なぜ採択率をあげたのか

二〇一二年度使用の、育鵬社版『公民』（日本教育再生機構＝教科書改善の会編、編集会議座長・川上和久明治学院大学教授）教科書の採択率は、ほぼ四万八六〇〇冊の約四パーセントであった。とくに、神奈川県のそれは、横浜市が採択した結果、半数近くの四三パーセントとなる。日本教育再生機構は、この結果に満足の意を表明し、「各地で高い評価」「非常に手ごたえのある採択戦」（八木秀次）と自賛した。

育鵬社本の採択率が上がった原因には、自民党の「党をあげての取り組み」が考えられる。日本教育再生機構の機関誌『教育再生』には、「自民党本部から全国へ　地方議会質問・決議の通知、教科書パンフレット配布、全議員への書簡も」（二〇一一年七月号）など、関連記事が数度にわたって掲載されている。自民党国会議員が精力的に地方議会を動かして育鵬社本の採択を行わせたといえるだろう。

採択の原因はさらに慎重に検討しなければならない。同時に、教科書の記述それ自体の検討も怠ってはならないだろう。

「子どもと教科書全国ネット21」を中心にして、全国各地で大小の学習会が積まれ、検討が行われてきた。たとえば、育鵬社版『公民』は、国民より「国家」や「天皇」を優先させる記述が目立ち、原発を礼賛しその危険性にほとんど触れず、女性差別を取りあげず、子どもや若者の苦悩に目を向けない、との指摘がなされた。育鵬社の真のねらいは、憲法を改正し、徴兵制を敷くことである、ともいわれてきた。

私は、こうした成果に学びたい。そして、先に述べた「国家と人権」に焦点をあてて、以下に論じてみたいと思う。すなわち、育鵬社版『公民』は、基本的人権よりも歴史の伝統を重んじるという用法を使って、国家や社会の秩序を優先させてしまう。それは、戦後民主主義を貶《おとし》めることに通じるという問題点を指摘してみたい。そして、なぜ、そうした記述を行ったのかを探るために、育鵬社関係者の思想を分析し、とくに彼らの戦後教育学を敵視する思想に触れたいと思う。

３　「人権思想」への不信と「歴史的伝統」の尊重――検定過程の削除と修正より

育鵬社版『公民』は、国家と人権について、どのような記述を行っているのか。その検討を、「検定意見によって、何を削除しどのように修正を加えたのか」に焦点をあてることで行ってみたい。それは、文科省でさえ検定意見をつけざるを得ない、この削除の部分こそ、育鵬社が本当は何を書きたかったかの本音（思想）がもっともよく表れているからである。それは端的にいえば、日本国憲法にある人権と民主主義の尊重という思想をひどく嫌い、それへの不信を表明し、それに対し日本の天皇を中心とする「歴史と伝統」の精神の尊重を説く、という思想の存在であった。四点ほど、紹介してみよう。

第一に、「大日本帝国憲法と日本国憲法」（四〇～四一頁）の「憲法とは何か」の記述部分。申請本は、以下のようになっていた。

「憲法は、国の理想や基本的なしくみ、政府と国民との関係などを定めたものです。憲法にかかげられた権利と自由は、国家が国の政治で尊重し、すべての国民が享受できるようにしなければなりません。」

この記述にたいし、「学習指導要領にてらし扱いが不適切」との検定意見がつけられた。市販本は以下のように修正した。

「憲法は、国の理想や基本的なしくみ、政府と国民との関係などを定めたものです。憲法は、政治権力が濫用《らんよう》されることのないように抑制するしくみを定めて、国民の権利と自由を保障しています。」

育鵬社は、はじめ、「憲法は政治権力の濫用を抑制するしくみである」とはどうしても書きたくはなかったのであろう。修正は検定通過のための余儀ない妥協であった。

第二に、同じ項目全体について、「大日本帝国憲法の記述に比べて、日本国憲法に対する内外の評価が記述されておらず、全体として調和がとれていない」との検定意見がついた。育鵬社はこれにどう対処したか。なんと、以下のような短い本文の追加で検定を通過させてしまった。

「日本国憲法は戦後の政治原理として国内はもちろん、国外にも広く受け入れられました。」

この厚顔さ！　日本国憲法の歴史的意義を評価できずにいる人々のこの嫌々《いやいや》感。

第三に、「人権という考え方はどのように発展してきたか」の部分（四四～四五頁）。とくに「日本における人権」の記述で、「相互の関連が適切でない」という検定意見がついた。日本国憲法の制定による人権の考え方の進展という事実。育鵬社はなんとしてもこれを軽視したい、と思ったのではないのか。そのように思わせる削除と修正の経緯。

「申請本」は、以下のようになっていた。

「人間らしく生きるという価値観は、その国の歴史や伝統、文化や宗教、習慣や法などと深くかかわっています。そのため、ほかの国に自分たちのやり方をおしつけることを慎む配慮は必要です。人権が軽視され、人々の生命や財産が簡単に奪われてしまうような国や地域に対しては、国際社会が外交交渉など、さまざまな手段や方法で積極的にかかわっていくことは当然といえます。」

これに対し、以下のように修正を行った。

「大日本帝国憲法では、国民には法律の範囲内において権利と自由が保障され、その制限には議会の制定する法律を必要とするとされました（法律の留保）。

第二次世界大戦後に制定された日本国憲法では、西洋の人権思想に基づきながら、『憲法が日本国民に保障する基本的人権は……侵すことのできない永久の権利として信託されたものである』（九七条）とし、多くの権利と自由を国民に保障しています。」（「市販本」）

明治憲法から日本国憲法における人権保障の進展の記述が、最低限記述されたことがわかる。

第四に、「人権の歴史」に続く、「基本的人権の尊重」部分（四六～四七頁）。義務教育、勤労の義務、納税の義務に関する記述で、「理解し難い表現」との検定意見がつく。修正したあとの記述にも不満をもつが、問題はやはり「申請本」における削除した部分である。傍点部分に注意して読んでほしい。

「しかし、憲法の理念に沿って国民生活を営むためには、この三つの義務に加え、等しく憲法に保障された権利と自由を享受できるよう、憲法の定めた秩序を守らなくてはなりません。国家の基本秩序は、祖先の努力によって長い歴史を経てできたものです。

国家はその意味で、過去から未来にかけてのすべての国民からなる共同体です。私たちはこの秩序を次の世代に受け渡し、子孫たちも享受できるように努力しなければなりません。」

「市販本」は、以下のように修正した。

「これらはいずれも社会生活を成り立たせ、国を維持・発展させていくために欠かせない重要な義務となっています。しかし、憲法の理念に沿って国民生活を営むためには、この三つの義務に加え、すべての国民が、等しく憲法に保障された権利と自由を享受できるよう心がけなければなりません。そして憲法に保障された権利と自由が次の世代にも受け継がれるように努力しなければなりません。」

祖先の努力によって形成されてきた国家は、過去から未来にかけての国民の共同体である、という申請本の記述。これでは、大日本帝国憲法から日本国憲法への根本的転換がまったく説明できない。「天皇制国家のための義務教育」から「個人の尊厳を重んじる権利としての教育（国家に義務を課す）」への、戦後の転換の意義がわからない。「アジアの解放（侵略主義）」と「帝国の繁栄（国家主義）」という国家価値を最上位に置き、人間性を徹底的に否定し尽くすまでにいたる戦前の教育勅語体制を転換させたという、戦後の人々の意思と決意と行動を育鵬社版『公民』は論じることをせず、その意義を台無しにしてしまっている。育鵬社は、さすがにこれでは文科省の検定はパスできないと自覚したのだろう。

4　人権と民主主義への不信と攻撃

育鵬社は、なぜ、検定意見がつき、修正を余儀なくされたのか。それを解くには、育鵬社版『公民』を編集した日本教育再生機構に集う人々の考え方を知る必要がある。

日本教育再生機構の理事長であり、『公民』教科書の執筆者でもある八木秀次には、『反「人権」宣言』（ちくま新書、二〇〇一年）という書物がある。反「人権」宣言。彼の立場は明確であった。「今日、多くの人びとは『人権』という言葉に魅入られ、真っ当な判断能力を麻痺《まひ》させられている。私はこれから、人びとが『人権』の呪縛《じゅばく》から解き放たれるための手掛かりを提供しようと思う」（「はじめに」の部分）。八木は、このようにして書き出している。

八木は、この本で、人権が無軌道な子どもをつくり出す、人権が家族の絆《きずな》を脅かす、人権がジェンダー・フリーを煽って女性を不幸にする、と次々と論じていく。こうした論の根底には、次のような人権に対する彼の認識がある。すなわち、「人間の権利としての人権は、制約の原理を持たず、自己の正しさや利益を何によっても制約されることなく、力ずくでもって主張する〝闘争の論理〟を有する」。

人権とは闘争の論理であり、人権を主張すれば秩序は乱れるし、人権意識をもった子どもたちは学校秩序を壊し、「キレる」子どもになってしまうだろう、という。

人権教育は、「子供たちの未熟な情欲を駆り立て、その解放をもって善しとするメッセージを彼らに発している」「そしてこのことが、社会生活や集団生活を送っていくうえでは不可欠な、ごくわずかな規制にも耐えられず、すぐに逆上して（「キレて」）しまう、ひ弱な自我を創り出しているとも言える」。

こうして八木は、人権教育に代わって道徳教育をこそ主張する。「人権の概念に本来的に欠けている、歴史・伝統・宗教、共同体といった要素、すなわち歴史の教訓や父母からの伝承、これまでの習慣や道徳、宗教的な戒律、共同体の中における相互の人間関係、こういったものに今一度目を向けなければならない」。

この八木の主張をみれば、育鵬社版『公民』がなぜ先のような記述を試みたのか、その原因がわかってくる。

この八木の問題を一言で述べておけば、それは、子どもの「荒れ」や家族の「解体」などの原因を戦後の人権教育（イデオロギー）に、まさに恣意的に求めてしまう点であり、現実の社会秩序を崩壊に導く市場原理を至上の原理とする新自由主義の問題をまともに見据えていない、ということであった。

それにしても、荒れる子どもやキレる子どもを「情欲に駆り立てられた子ども」ととらえる子ども観をもち、正しさや利益を力ずくで主張することが人権であると認識する人物が、学校で使用する『公民』教科書を書いていることに、驚きを禁じ得ないし、怖さを感じる。さらにまた、こうも思う。平和主義や国民主権、自由権や社会権などを含めて「日本国憲法の基本原則」を、教科書で三〇頁近く、まがりなりにも論じなければならなかった八木は、いったいどのようにして自らの「信条」を裏切らずにいることができたのだろうか、ということである。彼の信念を曲げずに日本国憲法の基本原則を書くことができるのか。それとも、政治的判断を優先させれば内面の葛藤など起こらない、ということか。

この八木と『教育再生』で、「本当は怖い、民主主義・人権・平和の正体」という対談を行っている人物に長谷川三千子埼玉大学名誉教授がいる（「これが民主主義の正体だ！」二〇〇九年一〇月）。長谷川は、二〇〇九年の民主党の圧勝による政権交代に危機感をいだき、政権を交代させた民衆の民主主義それ自体に、マスコミによってつくられた「気まぐれさ」を感じ、不信感を表明している。西欧に起源をもつデモクラシーは「悪い政府を罰する」という独裁体制に通じる危うさがあるという。彼女は言う。「近代の民主主義イデオロギーは、人間を伝統とか風土とか歴史から切り離されたバラバラの個人としてとらえるという人間観を暗黙の前提にしている」。

八木と長谷川は、戦後民主主義は国防思想を軽視する点で重大な問題をはらんでいるという意見で一致し、「日本の戦後民主主義はおぞましさの極み」（長谷川）とし、「国防や伝統、宗教から切り離された民主主義は非常に危険である」（八木）と述べた。

八木は、長谷川の『民主主義とは何なのか』（文春新書、二〇〇一年）を高く評価する。長谷川はこの本で、こう述べていた。

「人間の不和と傲慢《ごうまん》の心とを煽りたて、人間の理性に目隠しをかけて、ただその欲望と憎しみを原動力とするシステムが民主主義なのである。まさに本来の意味での『人間の尊厳』を人間自らにそこねさせるのが民主主義のイデオロギーであると言える」。

民主主義は人間の欲望と憎しみを原動力とするシステムである、と長谷川は言う。この考えに注意したい。そのような人間観にたつ人権論が長谷川の特徴だ。

ここで長谷川の本を詳しく紹介できないが、彼女は、トマス・ホッブス（一五八八年～一六七九年）の『リヴァイアサン』を評価し、ホッブスこそ、その欲望と憎しみを原動力とする人間の存在を見ぬいたとし、だからこそ、人間はその権利を放棄し、国家（政府）を設置しなければならない、と説いたのだと言う。

「各人がこうした人間の傲慢《ごうまん》の愚かしさに気付き、自らの傲慢を和らげ『自然権』を放棄するとき、はじめて人間の『社会生活』というものが可能となる」と彼女は言う。長谷川は、ホッブスに学ぶことで、「なぜ国民が政府の命令に従うべきかの答えが得られた！」と思ったのであろう。だから本来、フランス「人権宣言」やアメリカ「独立宣言」は、こう書かれるべきだったと述べた。「各人が自己の自然権を保持しているかぎり、人びとの生命、自由および財産の追求は保証されない。こうした状態を解消するために、人びとの間に政府が設置されるのである」。

しかし、悪質な詐欺師のジョン・ロック（一六三二年～一七〇四年）が、ホッブスの自然権思想をゆがめ、抵抗権と革命権を持ちだしてきたという。人民が結束して政府をつくるのは人権の確保のためであり、政府がその目的に背くとき、人民はその政府を改廃する権利を持つ。長谷川は、このロックの思想がまったく気に入らない。なぜなら、この考え方は、つねに「その権利を奪おうとしている悪玉」というフィクション＝幻が不可欠であり、近年この人権概念のレトリック＝幻は濫用されており、わが国ではほとんどグロテスクな様相を呈しているからである、という。

だがしかし、長谷川は、なにがグロテスクな様相なのか、具体的に語ろうとしない。

長谷川は、民衆が自らの人権保障のために、政府に抵抗し、時にはそのために政府を変えることができる、という考えが許せない。その理由の根底には、彼女の人間観がある。彼女は、ロックにみる「人間は何がよいか何が悪いかを判断する理性がある＝人間は理性的存在である」という人間観を嫌悪する。だから、ロックに、詐欺師、ペテン師、インチキ、ごまかし、と悪罵《あくば》を投げつける。

しかし、私たちは、長谷川によらず、政治社会思想史家によって説かれたホッブスからロックにいたる人権思想の発展史に関する認識を知っている。

政治学者の丸山眞男は、ロックの近代政治原理はアメリカの独立宣言と憲法に織り込まれ、フランス革命の人権宣言へと流れ込んだばかりでなく、いまや、漸く日本国憲法のなかに実現されて、これからの日本政治の究極的なノルム（規範）になろうとしていると論じた。ホッブスの自由概念は「拘束の欠如」という消極的な規定であったが、ロックのそれは「自由立法」、すなわち、理性的な自己決定という積極的な観念へと高めたという。法を自由に媒介させる能力を人間のうちに信じる、という人間精神を新しき規範の樹立へと立ち向かわせる政治原理であったと説いた（「日本における自由意識の形成と特質」一九四七年、「ジョン・ロックと近代政治原理」一九四九年）。

『リヴァイアサン』（岩波文庫、一九六四年）の翻訳者・水田洋は、その「解説」で、ホッブスの近代思想史上の特徴は、はじめて基本的人権から主権＝国家権力の位置を究明したと述べている。ホッブス以前は、国家権力を神、習慣、伝統によって根拠づけてきたが、ホッブスによってはじめて人民のなかから必然的に引き出されてきたと、その思想史的意義を強調した。リヴァイアサンにおける国家専制理解が際立つなかで、水田におけるホッブスの基本的人権の理解は注目してよいだろう。

「憲法は、政府に対する命令である」を論じる政治学者ダグラス・ラミスは、ホッブスからロックにいたる社会契約思想における人間観の発展を述べる。ホッブスにとっての人間の動機は、倫理や道徳ではなく傲慢《ごうまん》や恐怖であったとした。したがって、「従うべきでない政府」という問いは許されない危険思想であった。それに対しロックは、政府は聖なるものでも、畏敬《いけい》の念を持つべき対象でもない、政府は社会契約の相手であるに過ぎないという。人間には自然法を理解する能力と理性があり、政府が社会契約を守っているかいないかを判断する権利（革命権の承認、など）があるとする。ラミスは、ロックの思想を手がかりにして「憲法は政府に対する命令である」の思想的根拠を論じていた（『憲法は、政府に対する命令である。』平凡社、二〇〇六年）。

長谷川は、ホッブスの考えを頼みの綱にして、人間の行為の動機は倫理や精神といったものではけっしてなく、傲慢と欲望なのであって、しがって国民は政府の命令（法律）に従うべき存在でなければならない、と思いたいのであろう。しかし、私たちは、ホッブスにのみとどまることはできない。人間歴史は、ホッブスをこえてロックやルソーを生み出してきたのであり、それに学ぶ必要がある。人間における理性的な存在への希求という思想がしだいに強まってきた。そういう歴史観を否定し拒否する。それが長谷川の問題点であった。人権と民主主義への不信と攻撃は、こうした人間観に原因をもっている。これは八木秀次（『反「人権」宣言』）にも通じることであり、こうした考えをもつ人々によって執筆されたのが育鵬社版『公民』教科書であった。私たちは、こうした人間観による「公民」を教えてしまってよいものかどうか。私たち自身の倫理観をあらためて問い直したい。

5　戦後教育＝戦後教育学を敵視する

日本教育再生機構＝育鵬社版『公民』執筆者の人々は、今日の教育の歪《ゆが》みと混乱は基本的に戦後教育の責任であり、そしてその基本的理念を定めた四七年教育基本法にこそ根本的原因があるという考え方で一致している。子どもの権利を尊重し、個性を重視する戦後教育こそ、問題の根源であるという考え方である。だから、そういう教育を支持してきた戦後教育学（者）も大きな問題である。つまり、戦後教育＝戦後教育学という等式をつくり、とくに教育基本法（一九四七年制定）の理念を深め広げる努力を重ねてきた戦後教育学を批判し、それにはげしい敵意をみせる。つぎの主張に端的である。

川上和久・育鵬社版『公民』編集会議座長は、市販本「まえがき」で、戦後教育の歪み（たとえば、行き過ぎた個の尊重、いじめの深刻化、学級崩壊など）の、その根底には「子供の自律を促す」「子供の権利の尊重」という美辞麗句があると述べている。子どもの権利ばかりが強調され、公を担うことの尊さが内面化されずにいる、と戦後教育を批判している。こういった状況を糺《ただ》すために教育基本法は改正されたと述べ、公を担う子どもたちを育てるために育鵬社版『公民』教科書はつくられたと述べていた。

『公民』には、二〇〇六年改正の教育基本法が載る（八一頁）。ディベート用なので、改正「賛成」と「反対」意見があるが（育鵬社は「賛成」の立場であろう！）、注意したいのは、検定意見がついた修正前と後の「概要」の記述である。「申請本」はこう書いていた。

「占領下で一九四七年に制定。直後から見直しの必要性が説かれていたが、教職員組合などの反対で議論すらタブー視されるようになる。近年の教育の荒廃で、個人・個性重視に偏りすぎていた内容を見直す機運が高まり、初めて改正された」。

これにたいし、ディベートの前提となる教育基本法の概要として「誤解するおそれのある表現」との検定意見がつき、以下のようにあらためられた（「市販本」）。

「教育の目的や理念などを定める教育基本法は占領下の一九四七年に制定された。その後、教育をめぐる状況が大きく変わったことに対応するため初めて改正された。その過程で『我が国と郷土を愛する』という言葉を盛り込むかどうかが議論になった」。

「申請本」の方の記述に、四七年教育基本法を擁護する人びとを「議論すらタブー視する」者と言い換えてしまうところに、戦後教育と戦後教育学への敵意を読み取ることはそれほど難しいことではないだろう。

『教育再生』誌には、戦後教育学への、はっきりした敵意が載っている。日本教育再生機構は、教育社会学者の竹内洋（関西大学教授）を招き、『教育再生』誌上で、育鵬社版『歴史』教科書の方の編集会議座長である伊藤隆（東大名誉教授、日本教育再生機構理事）との対談「もはや切除しかないのか教育学部という病」（二〇〇九年八月）を組んでいる。竹内は、『諸君！』で「革新幻想の戦後史」を連載執筆し、その中で東大教育学部の「進歩的教育学者たち」がいかに「革新幻想」を煽り、教育を歪めたか、という趣旨のものを書いていた。再生機構は、それに注目したわけである。

竹内は、その連載で、とくに、宗像誠也（教育行政学、一九〇八年〜七〇年）、宮原誠一（社会教育学、一九〇九年〜七八年）、勝田守一（教育学、一九〇八年〜六九年）を批判の標的にした。いうまでもなく、宗像、宮原、勝田は、四七年教育基本法を含め戦後教育改革の理念を深め擁護する戦後教育学を代表する人々であった。その彼らを、竹内は、東大教育学部の人事権を握り、日教組講師団を牛耳り、岩波文化人（吉野源三郎や久野収ら）のお墨付きをえながら、教育を通じての「知識人支配の先兵役」を担った人物たちとして描いている。岩波知識人→進歩的教育学者（二流の岩波知識人）→進歩的教師（『世界』族）→民衆・子ども、という「文化支配の系列」が彼らによってつくられたと述べている（『革新幻想の戦後史』中央公論新社、二〇一一年、として加筆して刊行）。

どぎつい表現に閉口してしまいそうだが、竹内によれば、教師の教育権の根拠を示そうとした宗像誠也の「真理の代理者としての教師」という考え方、すなわち「真理を伝えるもの、真理を子どもに根づかせ、生かし、真理創造の力を子どもにもたせるもの」という意味づけも、「進歩的教育学者による教師の啓蒙・支配という教育革命」とされてしまう。教育を広く社会や政治や文化的な文脈でとらえようとする『教育講座』の企画も、岩波文化人のお墨付きをえての「知識人支配の先兵役」と見なされてしまう。こうした論述の展開であった。

伊藤隆は、対談で竹内のこうした発言を受けて、「左翼教育学者にとって一番大事なことは革命でした。戦後の教育は革命のために行われたといっても過言ではありません」と述べている。竹内は、その例に、一九五四年の京都の旭丘中学校事件*をあげ、「偏向教育」として「日教組講師団の学者たちは、ああいうことをやりたかったのです」と応じた。竹内は、『革新幻想の戦後史』で、「旭丘中学校事件は、教育革命による社会革命というラジカルな教育学・教育支配プロジェクトの敗北だった」と述べていた。

＊一九五三年から五四年にかけて、政府＝与党による「偏向教育」摘発、教職員の政治活動制限の強化が顕わになる。五四年二月に、教職員の政治活動制限に関する教育二法案が提出される（「教育公務員特例法の一部を改正する法律」「義務教育諸学校における教育の政治的中立の確保に関する臨時措置法」）。三月に、国会で旭丘中学校の教育は偏向教育の事例として取り上げられる。五月に教育二法案が成立する。

京都市教委は、中心的な働きをした旭丘中学校の教師三人に懲戒免職処分を行う。市教委の処分に反対する教職員・生徒・親とこれを支持する者との間で分裂授業が始められる。全国的な注目を集める。勝田守一、梅根悟ら九人の学者の共同研究調査は、「旭丘教育は憲法と（旧）教育基本法の精神に貫かれた民主的な教育であった」と結論づけている。

はたして、旭丘中学校の教育は「偏向教育＝教育学・教育支配プロジェクト」と見なしてよいのだろうか。ここでは一つだけ、伊藤と竹内によって批判のやり玉にあげられた勝田守一がこの事件をどのように考察したのかを紹介したい。勝田は旭丘中学校の教育に、偏向などではない、すぐれた教育的価値の実践が創造されたことをつかみだしている。勝田の考察は、伊藤隆や竹内の発言がいかに「意図された誤解（悪意ある誤解）」であるのかを示すであろう（勝田守一「公教育における教育価値の問題――旭丘中学校問題の調査から」『東京大学教育学部紀要』一九五七年）。

勝田は、旭丘の教師が当面した問題は、戦後の社会状況に規定されたことではあるが、子どもたちや親たちにみられる「手近な感覚的解放や利己的利益に満足を求める」無方向で自由な態度への対処であったとする。教師は、それは「既成の定型や因習からの自由であったとしても、創造への自由の実質的目標が確立されていない」とし、「自由でのびのびしているけれども、規律としつけに欠けている」と考える。教師たちは、子どもたちに規律としつけの欠如を実感する。しかし、旭丘の教師たちは、そこから次のような考えにすすみ出て実践する。「いわゆる規律を重視する余り、安易にそれに身を委すならば、たちまち民主化の営みは実質を失って形式化される。旭丘中学校では、そうなるには余りに、教師たちの自由への情熱は強かった」。勝田は、ある教師の述懐を引用する。「ぼくたちは、しつけがだいじなことは知っていた。しかし、もっとだいじなことをやらなければならなかった。それはほんとうに子どもを自主的にすることだった」。

勝田は旭丘中学の教師集団をどうみたか。「教師の間にははじめから自由な空気が存在していた。教師が、生徒の自主性を真にのばして行くためには、教師自身が自主的になり、権威主義にならされた自己を改造しなくてはならない」。職員会議は、公選によって数名の議長団を選んで、その人々によって運営された。「理論家や弁論家が会議をリードし、納得不十分のまま、総意として議決されるという弊」に教師みなが気づいていた。

教師たちは子どもたちに何を伝えようとし、苦悩したのか。「教師たちは、日本の現実、そして身近には、西陣機業に現れている絶望的な不況の現実、そして親たちやそれにつらなる生徒の現実、それと生徒たちの希望とをどのように対置し、どのように結びつけるかという問題に取り組むようになった」。

勝田は、このようにして旭丘中学校の教育実践を評価する。思うに、これは、旭丘の教育にすぐれた「公民」教育実践を見いだす勝田の見識ではないだろうか。

いくつかの不幸な事件が重なって、旭丘の教育は、教員、保護者、教委の間ではげしい対立が起きてしまうが、見過ごしてならぬのは「地方の有力者、それに影響される当局、それを支配する政党、政府が、この問題を教育統制強化の契機として利用しようとした」ことであった。これによって「すべてが悪化した」と勝田はきびしく告発する。

勝田は、旭丘中学校の教育をこのようにとらえた。伊藤隆と竹内洋は、この勝田のとらえ方がなにゆえに「偏向教育＝教育学・教育支配プロジェクト」であるというのか、きちんと説明しなければならないはずであるが、はたしてそれが可能であるのかどうか。

「左翼教育学者の支配欲で日教組や全教が育てられているのですから、教育学部を変えなければ教育正常化はできないですね」。伊藤隆と竹内洋の対談に聞き手の八木秀次はこう述べていた。育鵬社版『公民』教科書は、戦後教育学の最良のものさえ平気で傷つけ、時に意図的に、時に悪意ある誤解を演じて戦後教育学の価値を貶め、そうして戦後教育改革の理念と戦後民主主義を子どもに伝えることを拒否しようとしている。そのようにしか思えないのだが、どうだろうか。

第2章　道徳の教科化と戦後民主主義への懐疑

――日本教育再生機構の道徳観

第1節　植民地支配責任を考えさせない道徳教科書の登場
――日本教科書版「中学校道徳」（二〇一八年版）

戦前、修身（道徳教科）は筆頭教科に置かれ、きわめて重視された。戦前を修身教育体制（＝教育勅語体制）と呼ぶ。この教育の仕組みによって、日本の国民は国家主義と植民地主義を身につけ、アジア侵略戦争に駆り出されていった。おびただしい数の犠牲が生まれた（二三〇〇万人の死者）。日本の国民は加害者となり、また、被害者でもあった。

一九四五年以降の戦後はこれを痛切に反省し、道徳は教科とせず（修身科を廃止）、学校教育全体で道徳教育を実践することとなる。やがて、この考え方は崩され、一九五八年に政府によって「特設道徳」が強引に設置された。[*] しかし、それは教科の位置づけではなく、むろん教科書の使用はなかった。

＊一九五八年、小・中学校の学習指導要領が全面改訂された（第三期学習指導要領）。この第三期指導要領が、道徳の時間を特設し、教育課程編成を、教科・特別活動・道徳・学校行事の四領域とした。学校行事や儀式などで国旗掲揚・君が代斉唱が望ましいとされた。この第三期以降、指導要領はほぼ一〇年に一度改訂されていくことになる。従来はついていた「試案」という文字が表題から削除され、官報に「文部省告示」として公示されるようになり、指導要領には法的拘束力があるという解釈が打ち出

され、教育課程の大綱的基準（一九七六年最高裁判決）とされるようになった。

道徳の教科化があからさまになるのは、二〇〇〇年頃からである。小渕恵三首相と森喜朗首相の諮問機関「教育改革国民会議」が、教育基本法の「見直し」とともに道徳の教科化を打ち出し（二〇〇〇年）、本格化する。二〇〇七年、安倍晋三第一次内閣の教育再生会議がこれを主張するが、審議は持ち越される。二〇一三年の第二次安倍内閣の教育再生実行会議が再びこれを打ち出し、とうとう、二〇一五年の学習指導要領の一部改正によって、「特別の教科　道徳」が明示され、道徳の教科化が正式に決定された。

戦後はじめて検定を通過した道徳の教科書が登場した（小学校は二〇一七年に、中学校は二〇一八年に）。道徳が教科化されると（教科書の出現）、いったいどんな問題が起きてくるのか、その重大性を教育学的に明らかにしなければならない。また、文科省の検定が、とくに道徳という固有の教材を扱うことでいかなる問題が生じてしまうものか、その避けがたい権力の恣意性《しい》を明示しなければならないだろう。

日本教育再生機構（分裂前の「つくる会」を含めて）にとっては、道徳の教科化は長年の願望であった。教育勅語を評価し、修身の教科書の復活を説いてきた彼らの道徳観が検討されなければならない。

まずは、二〇一八年の検定を通過した中学校道徳教科書を検討したい。ここでは、日本教育再生機構の執筆者が、なぜ、わざわざ日本の台湾植民地期における日本人の生き方を道徳の教材に選んだのかをとりあげた。土木技師・八田與一《よいち》と芝山巌《しざんがん》事件の日本人教師である。この道徳教科書は、日本の台湾植民地支配の事実を抜きに日本人のモラルを語っていた。植民地支配を肯定する日本人のモラルを教えなければならない現場の教師の悩みは、そうとうに深刻なものとなろう。

もう一つ、江戸期の偉人（武士）たちの記述を取り上げた。これら偉人たちはいずれも戦前修身教科書に度々登場していた。教育勅語の精神に適うように選び出された、そうした偉人たちをどう解釈し、教えるのか。現場教師たちの葛藤《かっとう》は重い。

1　新規参入の日本教科書版「中学校道徳教科書」とは何か

戦後初めて検定を通過した、二〇一九年度使用の中学校の道徳教科書。出版社は、東京書籍、学校図書、教育出版、光村図書、日本文教出版、学研みらい、廣済堂あかつき、そして日本教科書の八社である。最後の日本教科書以外は、二〇一七年の小学校道徳教科書を発行した会社であった。本節は、この新規参入の日本教科書版「中学校道徳教科書」（以下、日本教科書版「道徳」と記載）を分析する。

それはなぜか。この道徳教科書を検討することは、道徳の教科化というものがいかに問題を孕《はら》まざるをえない教材を生みだしてしまうのか、そして、文科省の道徳科に関する検定がどんなに杜撰《ずさん》な姿をとるのか、ということを、他の出版社より鮮明に明らかにすることができるからである。歴史認識にかかわる記述と日本の偉人を扱う教材について検討したい。

日本教科書版「道徳」とはいかなるものか。この出版社は、安倍晋三首相直属の日本教育再生実行会議の有識者委員で、日本教育再生機構理事長でもある八木秀次・麗澤大学教授が中心になって設立したものである。八木は、道徳の教科化推進の中心人物であった（俵義文・子どもと教科書全国ネット

21事務局長、二〇一八年四月一三日の談話より）。日本教育再生機構は二〇〇六年一〇月に結成された、安倍政権の教育政策を応援する団体組織である。ここにいう教育再生とは「教育を国家戦略の中に位置づけ、その視点から教育のあり方を見直す」（八木秀次）という意味であった。

日本教科書版「道徳」は、日本教育再生機構が道徳の教科化のために作成した道徳教科書パイロット版（先行試験版）である『13歳からの道徳教科書』（育鵬社、二〇一二年）、『はじめての道徳教科書』（育鵬社、二〇一三年）、『学校で学びたい日本の偉人』（育鵬社、二〇一四年）に掲載された教材を数多く載せている。育鵬社版と密接な関係があり、その成果をできるだけ多く取り入れようとした。以下に、それを示してみよう。育鵬社版三冊に掲載された教材をほぼそのままに載せたもの、あるいは明らかにその教材を参考にして書かれた教材と見なしうるものであった。

便宜上、『13歳からの道徳教科書』→「13歳」、『はじめての道徳教科書』→「はじ」、『学校で学びたい日本の偉人』→「偉人」と記載する。中学校学習指導要領にある「A　主として自分自身に関すること」、「B　主として人との関わりに関すること」、「C　主として集団や社会との関わりに関すること」、「D　主として生命や自然、崇高なものとの関わりに関すること」にしたがって区分し、学年順に記した。

第一学年。「A　志〜幼少の記憶より（吉田松陰）」…「13歳」「偉人」、「A　もっと知りたい中村久子」…「はじ」、「C　永久欠番42」…「はじ」、「C　大地―八田與一の夢」…「偉人」「はじ」、「D　もっと知りたい『いのち』のつながり」…「はじ」、「D　ほっちゃれ（幸田文）」…「はじ」。

第二学年。「A　もっと知りたい自分を律する五つの決め事〜橋本左内の啓発録より」…「13歳」、

「A　僕の後ろに道は出来る（高村光太郎）」…「13歳」、「B　もっと知りたい武士道（新渡戸稲造）」…「はじ」、「B　昭和の大スターと平成の大スター（松井秀喜）」…「はじ」、「C　日本にオリンピックを呼んだ男（和田勇）」…「はじ」、「D　コンスタンチン君・命のリレー」…「はじ」。

第三学年。「A　ジャマナカめ（山中伸弥）」…「はじ」、「A　奇跡のリンゴ」…「13歳」、「B　礼儀はなぜ必要なのか」…「はじ」、「C　苦悩の決断（杉原千畝）」…「偉人」、「C　プラットホームでのできごと」…「はじ」、「C　なせば成る（上杉鷹山）」…「13歳」、「C　不揃いでなくちゃあかんのや（小川三夫・西岡常一）」…「はじ」、「C　海と空（エルトゥールル号）」…「13歳」、「C　もっと知りたい伊勢神宮」…「はじ」、「D　峠（東山魁夷）」…「13歳」、「D　不思議な光景」…「はじ」。

日本教科書版「道徳」は、多くの教材を育鵬社パイロット版道徳教科書から取り入れている。したがって、育鵬社版がいったいどんな考え方の人たちによって書かれていたのか、その分析が大事になってくる。

その他もう一点、気になることがある。日本教科書版「道徳」は、文科省によって作成された道徳副読本である『中学校道徳読み物資料集』（廣済堂あかつき、二〇一二年）と『私たちの道徳　中学校』（廣済堂あかつき、二〇一四年）からの転用教材が多数収録されていることである。これでは独自な教科書づくりをめざす自主的努力を怠ったものと受けとられかねないであろう。検定を通すためのなり振り構わない姿が見えてくる。以下、記してみる（『中学校道徳読み物資料集』→「読み物」、『私たちの道徳』→「私」と記載する）。

「一年C　仏の銀蔵」…「読み物」、「一年C　町内会デビュー」…「読み物」、「二年A　ネット将棋」…「読み物」「私」、「二年Ｂ　言葉の向こうに」…「読み物」「私」、「二年Ｃ　二通の手紙」…「読み物」「私」、「二年Ｃ　ロックンローラー」…「読み物」、「二年Ｄ　キミばあちゃんの椿（広瀬淡窓）」…「読み物」「私」、「三年Ａ　スイッチ」…「読み物」、「三年Ｂ　帰郷」…「読み物」、「三年Ｂ　嵐の後に」…「読み物」「私」、「三年Ｃ　一冊のノート」…「読み物」「私」、「三年Ｃ　海と空―樫野の人々」…「読み物」「私」、「三年Ｄ　二人の弟子」…「私」。

「読み物」一六作品のうち、一二作品が日本教科書「道徳」に掲載され、「私」の八作品すべてが載っている。執筆編集者の矜持《きょうじ》が問われるだろう。

２　これが「他国を尊重し、国際的視野に立つ」道徳教材だろうか
――「植民地と教育」に向き合う道徳教材のあり方とは

育鵬社パイロット版道徳教科書に掲載された教材を再び日本教科書版「道徳」に使用したものを検討してみよう。日本教科書版「道徳」は、日本が戦前に植民地にして統治した台湾における日本人の生き方を扱う教材を載せている。これは日本の台湾植民地統治が、いかなるものであったのかという歴史認識が鋭く問われる教材でなければならないはずのものであるのだが、日本教科書版「道徳」は、この植民地認識、とくに台湾人への抑圧と支配にまったく触れることなく日本人の生き方を語っている。すなわち、植民地における文明化・近代化の促進という一面の強調になっている。そして文科省の検定は台湾植民地認識を問うことなく、合格にする処置を行っている。検定は植民地認識に対する自らの無知と無関心を示す結果を晒してしまっている。

いったい、植民地統治期における日本人の「道徳性」をこのようにして語ってよいものかどうか、やや詳細に検討してみたい。

（1）土木技師八田與一物語（中一）――植民地の「近代化」をどう語るのか

日本教科書版「道徳」（中一）には、「大地―八田與一の夢」という八田與一物語が載っている。参考文献は古川勝三『台湾を愛した日本人　土木技師八田與一の生涯（改訂版）』（創風社出版、二〇〇〇年）である。八田與一物語は大要以下のとおりである。

台湾の人々を救った土木技師。八田與一は、一八八六（明治一九）年金沢市に生まれる。東京帝国大学（土木科）を卒業後すぐに台湾に渡る。台湾一の広さをもつ嘉南平野の農民は、雨期には洪水、乾期には干魃《かんばつ》に苦しめられていた。彼らを救うために與一は、一九二〇年に、大きなダムと一万六〇〇〇キロにも及ぶ水路を造る大工事に取りかかる。工事は、大型の機械を導入し、最新の工法（ハイドロリックフィル方式という）を駆使した。働く人々が安心して仕事ができるよう、工事現場近くに家族のために町をつくった。一〇年後の一九三〇年に工事は完成し、嘉南平野は作物がたくさんとれる台湾有数の農業地となった。台湾の人々は、與一を台湾農業の大恩人と呼び、銅像を建て、毎年彼の恩をしのぶ会を行っている。

八田與一物語は、学習指導要領にある「世界の中の日本人としての自覚をもち、他国を尊重し、国際的視野に立って、世界の平和と人類の発展に寄与すること」を教える教材であった。

この八田與一物語を広めたのは、古川勝三『台湾を愛した日本人』（青葉図書、一九八九年）の功績が大きい。九一年には、この本は土木学会著作賞を授賞している。しかし、この本が出版される以前、日本人のほとんどは八田與一の名前を知らなかった。それには理由があった。

八田與一物語が生まれ、広まった背景には、台湾の現代史が密接に絡んでいた（胎中千鶴『植民地台湾を語るということ　八田與一の「物語」を読み解く』風響社、二〇〇七年、参照）。一九八八年に初の台湾人総統として李登輝が就任する。これによって政治の民主化が急速に進み、それまで国民党支配によって抑圧されていた「台湾意識（本土意識）」が一気に高まった。「脱中国化」の進展である。台湾人のアイデンティティ形成のための歴史認識の模索が開始された。日本植民地統治期の歴史は奴隷化の歴史であるとする国民党時代の歴史認識を転換し、植民地期の近代化は台湾人が主体的に受け入れてきた発展の時期でもあったという歴史認識が新たに生みだされてきた。『台湾を愛した日本人』は、そうした台湾の政治事情に助けられて刊行されたといえよう。

台湾研究者の胎中千鶴は、台湾現代史の政治状況の複雑さをしっかり認識し、なぜ、八田與一物語が形成されてきたのか、その理由を見極めることが重要であると述べる。その上で、台湾統治の植民地主義とはそもそも何であったのか、そこを深く理解する必要性があると論じる。「植民地社会は支配者側の利益を最優先して形成された差別に基づく社会である」。そうした視点から八田與一をみると、「彼を『真の国際人』として位置づけることよりも先に、まず、民族差別を嫌ったであろう八田が、それにもかかわらず植民地主義のシステムのなかで生きざるを得なかったこと自体にまなざしを向けるべきだ」と胎中はいう。

八田與一物語は、近代化を象徴する技術者としての八田を強調する半面、彼を植民地官僚として台湾に送り出した植民地主義の構造そのものにはほとんど触れていない。日本教科書版「道徳」の八田の記述は、まさにその典型であった。しかも、文科省の検定者は植民地主義の欠落を指摘する修正意見を述べることはなかった。

しかし、日本人の中でこの植民地主義の構造を指摘した人間は、すでに戦前に存在する。矢内原忠雄東京帝国大学教授（当時）は、嘉南平野の大工事（ダム建築と灌漑《かんがい》事業）が完成する一年前に、『帝国主義下の台湾』（岩波書店、一九二九年）で次のようにいっている。

嘉南大圳《かなんたいしゅう》工事は、「此の集団地を独占的に所有若《も》しくは経営する大地主大企業家は此の為め最も有利なる地位に立つも、小面積の土地を耕作するに過ぎざる農民はその耕作地が輪作関係により甘蔗《かんしょ》作若くは雑作に割当てらるる年は自家の食料米をも生産し得ざる状況に陥る」「大圳によりて促進せらるる社会関係上の変化は資本家大地主による土地集中独占及農民の土地喪失無産者化たるものであろう」（『矢内原忠雄全集　第二巻』岩波書店、一九六三年）。

日本の資本家の土地独占が進み、台湾農民の土地喪失と無産化が起こるであろう。矢内原はこの事態を「帝国主義植民地たる台湾ならではの大工事である」と述べている。日本の台湾統治は、本国の利益を優先し、植民地住民の生活様式を軽視して経済開発を推しすすめたのである。こうした記述のためであろう、矢内原の『帝国主義下の台湾』は、日本領有時代に台湾への移入は禁止された。

八田與一物語は、育鵬社の二冊、『はじめての道徳教科書』と『学校で学びたい日本の偉人』に掲載されていた。日本教育再生機構にとっては、日本の植民地支配はアジアの近代化にむしろ貢献したという、彼らの歴史認識に適う教材だったろう。しかし、台湾現代史の複雑さの中で成立してきた八田與一物語の事情を知れば、そして、何より著名な日本の経済学者によって嘉南大圳工事の植民地主義的性格がはっきり指摘されているのならば、私たちは八田與一物語が中学生の道徳教材に本当にふさわしいか、大きな疑問を抱かざるを得ないだろう。現場の教師は、「他国を尊重し、国際的視野に立って」この教材を教えることができるのか、大きな戸惑いを起こすに違いない。

（２）「台湾に遺したもの」――芝山巌事件と植民地の教育

同じように、台湾植民地支配における文明化作用を強調する教材がある。「台湾に遺したもの」（中二）である。ただし、この教材は育鵬社版にはないものである。学習指導要領の「優れた伝統の継承と新しい文化の創造に貢献するとともに、日本人としての自覚をもって国を愛し、国家及び社会の形成者として、その発展に努めること」に位置づく。

この「台湾に遺したもの」には、台湾領有後すぐに起きた芝山巌事件（一八九五〔明治二八〕年一二月二八日）が書かれている。日清戦争（一八九四年八月～一八九五年四月）が終わって、日清講和条約が結ばれ、四月に台湾の割譲が決まった後の事件である。その当時、台湾先住民（当時「生蕃《せいばん》」と言われた）を中心に抗日ゲリラ活動がつづき、年末の武装蜂起の一つがその地名をとった芝山巌事件であった。芝山巌の学務部にいた学務官僚六人が惨殺されたのである。

台湾総督府にとって山間にすむ「生蕃」の抵抗と対策は難事とされ、先住民の掃討と馴服《じゅんぷく》・帰服《きふく》は「土匪《どひ》」対策として自覚されていた。芝山巌事件はそうした中で起きた。

ひとまず、日本教科書版「道徳」は、この芝山巌事件をどう描いているのか、やや長い引用になるのだが、文章の運びなどに注意してもらい、読んでいただきたい。

「この統治に当たって、日本人が真っ先に取り組んだのが教育だったと言われています。その証拠として、驚くべきことに、統治が始まった翌月には台北郊外の芝山巌に学校がつくられているのです。

ところがその翌年の元日に、悲劇が起こってしまいます。新年の祝賀会に訪れた日本人の六人の先生が、日本の統治に反対する人々に襲われ、命を落としたのです。

実はその頃、台北の治安は悪化しており、教師たちは心ある台湾の住民から避難するように言われていました。ところが彼らは首を縦に振らず、『たとえ自分たちの命がここで果てようとも、日本人が台湾の教育にここまで情熱を注いでいたという思いは残すことができる』と、命を懸けて教壇に立ち続けていたのです。

この悲劇的な事件が日本に伝えられた時、この知らせを聞いてもなお、というよりも、むしろこの知らせを聞いたからこそ『台湾には教育が必要である』と考え、日本の優秀な人材が次から次へと台湾への赴任を希望したといいます。」

この道徳教科書の記述は、少しでも台湾植民地統治に関心を示し、その教育の実態を知ろうとする者にとって、とても強い違和感が生まれてくるものだ。

台湾は、中国大陸から渡来した漢民族系の住民と、マレー・ポリネシア系の先住少数諸民族が居住しており、その文化と政治事情は複雑であった。たとえば、台湾の歴史と文化を語る歴史書の一つは以下のように述べている。

「（帝国主義時代の列強諸国は）はたまた精悍な先住諸民族と熾烈な遭遇戦を展開するよりは、大量に入植し開拓で成果をあげていた漢族系移民社会との交易で利潤をあげた方がずっと有利だと考えたのだろうか。列強が南北の港に商館を開設する例は少なくなかったが、台湾を全面的に植民地化する動きは久しく絶えてなかった。

その静けさを破ったのが、新興の資本主義国日本である」（戴國煇『台湾――人間・歴史・心性』岩波新書、一九八八年）。

台湾を統治し植民地化することは、「精悍な先住諸民族との熾烈な遭遇戦」を覚悟することであった。日本は、そこに踏み込んだことになる。

芝山巌事件でいえば、この蜂起で死亡した内地人（日本人）は二〇人余りだったが、日本軍の報復により一五〇〇人ほどの台湾人が殺され、約一万戸が焼かれている。反乱後の日本軍の報復こそが凄まじかった。一八九八年に「匪徒刑罰令」を公布し、造反するものをすべて土匪扱いにして厳罰に処する。総督府民政局長のその名を記した本『後藤新平』（鶴見祐輔編）には、一八九七年から一九〇一年までの間に捕まえた土匪の数は八〇三〇人、殺戮した者三四七三人、一九〇二年の大討伐で裁判にかけ死刑とした者五三九人、「臨機処分」に付して殺戮した者四〇四三人という数字が記されているという（前掲『台湾』より）。

たまたま本国に帰っていて武装蜂起の難を免れた学務部長の伊沢修二は、「未だ治まらぬ新領土に赴く以上、国家の為に水火を踏むも固より辞する所ではない、而して若し我々が国難に殉ずるといふ様な事もあらば、その台湾子弟に対して日本国民たるの精神を具体的に宣示する者であって、他日教壇に立って、見よ日本人は身を殺して仁を成すこと斯の如きといふ事を得るであろう」とのべ、檄《げき》を飛ばしている。これら教員たちの死は、学務部の地名を冠して「芝山巌精神」として美化され顕彰され、台湾および内地の教育関係者の間に広く知られることとなる（上沼八郎「台湾教育史」『世界教育史大系　2　日本教育史』講談社、一九七五年。小熊英二『〈日本人〉の境界』新曜社、一九九八年、参照）。日本教科書「道徳」の「台湾に遺したもの」は、台湾総督府側を代表する典型的な見方、考え方の記述であった。このような記述がはたして道徳の教材にふさわしいものなのかどうか、疑問を抱く人は少なくないだろう。

ところで、日本が台湾に持ち込んだ教育とはいったいいかなるものであったのか。日本人と台湾人との間には、教育上、厳然とした差別があった。台湾人の民族的な尊厳を著しく損なう教育が行われていたといえる。

たとえば、就学率。在台日本人の小学校就学率がほぼ一〇〇パーセントだったのに対し、台湾人子弟が通う公学校就学率は一九一〇年の時点で五・八パーセント、二〇年に二五・一パーセント、三〇年に三三・一パーセント、四〇年に五七・六パーセントであった。増加傾向は見られたが、在台日本人とは大きな開きがあった。

台湾語の剝奪《はくだつ》と日本語の強制の実態はどうか。公学校における教授用語（教科にかかわらず日常普段に使う言語）は日本語とされた。漢文（台湾語）は随意科とされ（必修ではない！）、毎週二時間程度を課するにすぎない教科であった。中等学校の入学試験は「国語」としての日本語で行われた。進学は公学校出身者（台湾人子弟）が著しく不利であった。

台湾民衆党の指導者の一人である蔡培火《さいばいか》は、この現実を以下のように告発した（『日本々国民に与ふ』、一九二八年）。「我々には個性の存在を許されない。我々の言語は役立たざるものにして終はれ《ママ》た。我々が労働に就くの外、凡ゆる活動の機会を奪はれたも同様、服従、阿諛《あゆ》を我々の守るべき美徳として奨励せられ、気骨、正義に対する節操を主張するものは徹底的に圧制せられたのである」。

蔡培火を友人にもつ、先に紹介した東大の矢内原忠雄は『帝国主義下の台湾』（一九二九年）で以下のように台湾の学校教育を批判した。

「されば台湾教育界に於けるかくの如き国語強要政策の最大目的は同化に置かれてあるものと見ざるを得ない。然《しか》るに言語の同化を以て民族的同化と同一視すべからざることは理論上及植民地の実験上疑ふ余地無きに拘《かかわ》らず、我政府は此の至難事を敢行せんとしつつある。併《しか》し乍《なが》ら生活を以てせず友愛を以てせず、ただ学校の国語教育を以て本島人の同化を計るは、樹によりて魚を求むるの類である」。

日本人は、植民地統治時代、いったいいかなる教育を遺したのか。「日本人としての自覚をもって国を愛し」（学習指導要領）とは、この場合、いかなる「自覚」であったのだろうか。当時の台湾総督府側の考え方のみが取り入れられて、現在の道徳教科書に記載されることがはたして妥当なものなのかどうか。文科省の検定はいっさいこの点を問わず、通過させた。台湾の歴史を少しでも知る現場の教師は、この教材に向き合えば、「国家及び社会の形成者として、その発展に努めること」を教えることに躊躇の念を起こすことは間違いない。

異民族の個性を否定しその尊厳を認めず、労働への従事のみを奨励し文化的な活動を押さえ込み、服従をもって美徳（＝道徳）とする教育を行ってきたとする被植民地側の告発がここにある。植民地時代の事実を使って日本人の道徳性を教えようとするのならば、むしろこの道徳性を裏切る事実の告発が存在する以上、教科書執筆者はこれまでにもまして優れた専門書に学び、過去の事実に誠実に向き合う姿勢が求められよう。日本教科書版「道徳」は、その努力の欠如がはなはだしいのではないのか。

3 修身教科書の中の偉人たちを取り上げることの問題性

（1）日本教育再生機構と国定修身書の中の偉人

日本教育再生機構は、『学校で学びたい日本の偉人』の中で、日本の偉人を道徳教科書に取り上げることを強調した。具体的な偉人の生き方を提示することで、子どもたちにとってのあるべき理想の人間像を描き、それこそが道徳的な実践の型（モデル）になると考えたからであると説明した。問題は、同機構が日本の偉人が戦前の修身教科書で取り上げられた、その記述について何らの批判も行わず、むしろそれを高く評価してきた、ということである。

たとえば、戦後の教育は、戦前の教育を否定するばかりで断絶を強調し、戦前の教科書で取り上げられた偉人の多くは戦後の教科書から姿を消してしまったという。多くの宗教家や軍人は、戦争や軍国主義をイメージさせるということで否定された。その処置はきわめて感情的で感覚的なものであり、何ともお粗末な理由であったと批判する。日本教育再生機構は戦前国定修身教科書をむしろ高く評価し、そこには多くの学ぶべき遺産が隠されているのであって、これを否定した戦後教育改革は間違いであったと主張するのであった（八木秀次『明治・大正・昭和――親子で読みたい精撰「尋常小學修身書」』小学館文庫、二〇〇二年、など）。

そこで次に、育鵬社版に掲載され、日本教科書「道徳」にも同じように登場した偉人の教材について検討してみたい。とくに、国定修身教科書がいったいどのようにこれら偉人を描いていたのか、あるいは、再生機構の人々が修身の中の偉人たちをいかに評価していたのか、その評価の仕方について問題点を明らかにしたい。そして、このような解釈が試みられてしまった偉人をなぜ再び日本教科書版「道徳」は掲載したのか。その理由を考えてみよう。

（２）上杉鷹山、橋本左内、吉田松陰――教科書執筆者の意図的解釈と恣意

日本教科書版「道徳」は、上杉鷹山を「三学年Ｃ　なせば成る」（「13歳」の「なせば成る」に対応）で、橋本左内を「二学年Ａ　自分を律する五つの決め事」（「13歳」の「稚心との決別」に対応）で、吉田松陰を「一学年Ａ　志――幼少の記憶より」（「13歳」の「魂を揺り動かす手紙」、「偉人」の「志の人」を参照）で取り上げている。上杉鷹山は、学習指導要領では「郷土の伝統と文化を大切にし、社会に尽くした先人や高齢者に尊敬の念を深め、地域社会の一員としての自覚をもって郷土を愛し、進んで郷土の発展に努めること」の教材として、橋本左内は「自律の精神を重んじ、自主的に考え、判断し、誠実に実行してその結果に責任をもつこと」の教材として、吉田松陰は「より高い目標を設定し、そ

の達成を目指し、希望と勇気をもち、困難や失敗を乗り越えて着実にやり遂げること」の教材として扱われる。

〈上杉鷹山〉上杉鷹山（一七五一年～一八二二年）は、米沢藩の藩政改革に生涯をかけた人物。倹約政策を自ら率先して推進し（率先垂範）、新田開発や漆・桑・楮《こうぞ》の栽培を奨励し、米沢藩の危機を克服した人物とされる。彼は修身教科書で数多く登場してくる。

国定第一期（一九〇四年～）、高等科一年、「志を堅くせよ」「倹約」「産業を興せ」「孝行」。国定第二期（一九一〇年～）、三年、「師を敬え」、五年、「志を堅くせよ」「倹約」「産業を興せ」「孝行」。国定第三期（一九一八年～）、三年、「師を敬え」、五年、「倹約」「産業を興せ」。国定第四期（一九三四年～）、三年、「師を敬え」、五年、「倹約」「産業を興せ」。

鷹山の掲載は、明治天皇、二宮金次郎に次ぐ多さ（第三位）である。なぜ、鷹山が修身書に数多く登場したのか。おそらく、明治後半以降の日本の資本主義的経済発展に応える経済人として期待される道徳観に、鷹山の生き方が適っていたからであろう（経済道徳合一主義）。また、小作争議や労働争議の多発激化という事態に対し、儒教主義的倫理観で対抗しうる国家道徳の要請にも適合していた（唐澤富太郎編著『図説教育人物事典　上』ぎょうせい、一九八四年、参照）。天皇制国家は、資本主義的経済発展と秩序維持に沿うモラル養成のモデルとして鷹山を取り入れたといえよう。

国定第二期の五年「産業を興せ」の教師用教授書では、「産業を重んずる念を児童に起さしむべし」と産業への貢献がきわめて重要であることが説かれ、「どんなにして農業を勧めましたか」「どんなにして牧畜を勧めましたか」「どんなことをして養蚕を盛にしましたか」と産業発展への努力の重要性とその成果がことさらに強調されていた（『近代日本教科書教授法資料集成　第五巻　修身編』東京書籍、一九八三年）。

日本教科書版「道徳」の「なせば成る（上杉鷹山）」は、国定修身書の「産業を興せ」に近い記述となっている。この教材を使う場合には、修身書の鷹山の描かれ方に注意を向け、産業発展一辺倒の貢献だけにとらわれず、「地域社会の一員」としていかに広く「郷土の発展」に応えられるか、という視点の導入も重要になってくるように思われる。

特に注意したいのは、八木秀次・日本教育再生機構理事長による上杉鷹山の国家観のとらえ方である。国家は先祖より子孫に受け伝えていく連続性であるべきなのに、「その感覚を自覚せず、『個人の尊重』だの、『個性の重視』だのと言い募って、祖先をないがしろにし、子孫の存在を顧みないできたことが今日の腐敗を招いた一因ではないだろうか」（『国民の思想』産経新聞社、二〇〇五年）と述べていた。「個人の尊重」や「個性の重視」を鷹山の経済思想に対立させて解釈している。再生機構は、鷹山の経済と国家思想にこのような解釈を持ち込もうとしていた。

教材「なせば成る」を、「個人の尊重」や「個性の重視」に対立させてしまうような考え方を入れて授業を行うようでは、国定修身教科書と同じものになってしまう。過去の歴史にこのような問題点が隠されている教材なのだという自覚をもって、現場の教師は道徳の授業を進めていく必要があるだろう。

〈橋本左内〉橋本左内（一八三四年～五九年、藩校改革者、安政の大獄で処刑）を扱う教材「自分を律する五つの決め事」（中二）は、一ページ立てである。左内の啓発録より「稚心を去る」「気を振るう」「志を立てる」「学に勉める」「交友を選ぶ」を載せ、自律の精神を考えさせる教材であった。

修身書の「度量」は、左内と西郷隆盛の交友が記され、西郷が「学問と人物では左内にかなわない」とする物語であった。左内の教材で注意したいのは、日本教育再生機構の左内に対する見方である。育鵬社版三冊をつくった「道徳教育をすすめる有識者の会」代表世話人の渡部昇一は、先の左内の「稚心を去る」をとらえ、この精神の形成こそ日本人の急務として、以下のように述べている。

「翻って、いまの日本人はどうでしょうか。まさに子供からお年寄りまで稚心の塊です。『働きたくない』『楽をしたい』と言っては、親に頼り、自治体に頼り、国に頼ります。少し辛くなるとすぐに誰かを当てにする。まさに駄々っ子、幼稚園児さながらの仕儀です」「さらに大きな目で捉えれば、自国の存亡をかけた国際間の揉め事ですら、すぐに国連や他国に頼ります。自分の手で火の粉を振り払うことすらしません。日本はまさに幼稚国家の典型です。そんな自立心のない国に未来があるでしょうか。国民のこの醜態ぶりを、手をこまねいたまま放置していていいのでしょうか」(『忘れてはならない日本の偉人たち』致知出版社、二〇一八年。この本は二〇一五～一七年に執筆された記事の集成)。

渡部は、安倍晋三政権を高く評価し、「安倍首相は安保関連法案の成立を受けて、最大の懸案である憲法改正に向けて動き始めると私は期待しています」と同書で述べている。安倍政権がめざす「戦争のできる国家」のために、橋本左内の「稚心を去る」の思想を利用して、日本人＝幼稚園児、日本＝幼稚国家の脱却をもとめ、強い国家の創出を担う人々の登場を強調している。この居丈高な言辞に驚かされる。日本教科書版「道徳」執筆者は、日本教育再生機構のこの左内の解釈を知って、教材に取り入れたに違いない。稚心を去る＝強い国家の創出、という思想がこのようにして隠されている。

橋本左内の「去稚心」には次の言葉がある。「且つまた稚心の害ある訳は、稚心除かぬ時は士気は振はぬものにて、いつまでも腰抜け士《さむらい》になり居り候ものにて候。故に余稚心を去るをもつて、士の道に入る始めと存じ候なり」（『13歳からの道徳教科書』より）。いつまでも腰抜けの武士であってはならない。この左内の考えは、現在を生きる中学生に対し、「自律の精神を重んじ、自主的に考え、判断」する（学習指導要領）教材になり得るものなのかどうか。現場の教師は深い悩みに陥るのではないのか。

〈吉田松陰〉最後に、吉田松陰（一八三〇年～五九年）の「志―幼少の記憶より」（中一）である。これは、中学生が陸上競技の走り込み途中で松下村塾の前を通る話になっており、「困難や失敗を乗り越える」（学習指導要領）事例に無理矢理に吉田松陰を登場させるもので、きわめて不自然な作り話になっている。問題は、やはりなぜ吉田松陰なのかである。不自然な記述をしてでも松陰を描く執筆者側の意図（＝本音）を探り出すことが重要である。

吉田松陰は、憂国至誠の教育者（松下村塾の開設）として知られる。彼の門下から、明治維新の元勲である伊藤博文、山縣有朋らが輩出した。一八五四年、ペリー来航時、国禁を犯して米艦に乗り込み渡米を試みるが失敗し、投獄される。安政の大獄で処刑。

吉田松陰は「13歳」と「偉人」にあり、日本教育再生機構が教科書に載せたい偉人の典型であった。松陰は、修身教科書にもしばしば登場していた。そのねらいは「松陰が夙《つと》に忠君愛国の志を懐いて修養に力めたこと」「松陰が万世一系、君臣一体、忠孝一致の我が国柄をよく弁《わきま》ふべきことを唱えたこと」「いつ如何なる世に処しても適切に力強い愛国の道であることを論（したこと）」（前記、国定第四期五年「忠君愛国」の教師用書、『近代日本教科書教授法資料集成　第五巻　修身編』）と記されていた。忠君愛国の精神と尊皇愛国の大義を唱える人物として、修身書ではきわめて重視されていた。

政治思想史研究者の丸山眞男は、吉田松陰を天皇に対する報恩をあらゆる社会的義務に優先させる抜きんでた国体思想の持ち主であると述べている。とくに、人間と神性（皇室）の合一を説く点に注目をしている。封建的忠誠心の形式的偽善化がはびこる幕末にあって、松陰の行動主義（強烈な実践性）は鮮烈であり、没我的忠誠と皇室への絶対的帰依の感情は特筆に値するとする（『忠誠と反逆』筑摩書房、一九九二年）。これこそが修身教科書への登場の理由であったろう。丸山は、同時に松陰には、日本の民衆が国家の対外的独立を自分自身の問題として認識すべきだという考え方があったと述べ、これは福沢諭吉の考え方に近いと評価した。国定修身書は、松陰のこの側面を描くことはなかった。

さらに、松陰が師と仰ぎ尊敬した人物に佐久間象山（一八一一年〜一八六四年）がいるが、丸山は、象山の国民主義には科学的知識と探求の精神をこそ国民化しなければならないという思想があったと指摘する。象山のこの考え方を嫌ったのか、危険視したのか、修身教科書には松陰と違って佐久間象山は登場してこない。修身教科書の国家的な恣意性を理解しなければならない。

日本教育再生機構の渡部昇一は、武士の多くが将軍や藩主のことだけを仰ぎ見ていたなかで、「松陰にとっての忠義の対象は日本という国であり、その皇統の中心に坐す天皇だった」とのべる。「幅広い知識と先見力、自らの思想を貫き通そうとする信念、実行力、そのすべてにおいて松陰は他の追随を許さない」とし、「この平成の混迷の世にこそ松陰のような人物の登場を渇望したい」（前掲書

『忘れてはならない日本の偉人たち』）とした。松陰の天皇主義的行動主義を評価していた。

日本教科書版「道徳」は、検定を通過させるために、育鵬社版に書かれたような偉人の思想を自由に表現することができなかった。しかし、表現はあいまいでも、隠された意図は明確であると考えた方がよいのではないだろうか。「失敗や困難を乗り越える」（学習指導要領）教材に忠君愛国を説いた憂国至誠の武士が必要なのかどうか、問われるところだろう。

何より大切なことは、戦前の修身教科書に掲載された偉人を取り上げるときには、その偉人がどのように記述されていたのか、この点を批判的に検討することである。道徳の教科化の先例であった修身教科書とはいったい何ものであったのか。そこに登場した偉人たちはいかに描かれていたのか。道徳の教科化を体現する「道徳教科書」を使用せざるを得ない現場の教師にとって、その先例としてあった修身教科書の検討はとても大切な課題となるのではないだろうか。

第2節　戦後民主主義への懐疑と道徳の教科化
――教育出版版「小学校道徳」（二〇一七年版）

1　日本教育再生機構と教育出版版「道徳」

教育出版「小学校道徳」（二〇一七年版）には、日本教育再生機構のメンバーが執筆者として多数入り込んでいる。きわだった特徴の一つは、他の教科書にない「日の丸・君が代」への尊重という記述である。学習指導要領の道徳には、日の丸・君が代を教えるとの指示はない。

本節では同教科書の中の偉人の物語（「稲むらの火」と「米百俵」）に注目してみた。戦時下、この二つの物語がどのような社会的な扱い（英雄的犠牲・礼賛と出版禁圧）を受けたのかを明らかにし、「畏敬の念」や「国や郷土を愛する」（学習指導要領）を教える上で、これら教材は一筋縄ではいかない深刻な矛盾を教師が抱え込んでしまうことについて考えてみよう。単純な英雄視や美談視ですまない文学教材が孕む複雑な文学性がそこにあるのではないのか。

二〇一八年度から使用する「特別の教科である道徳」の小学校教科書の検定は二〇一七年に行われ

た。この時、私たちは戦後初めて、道徳の教科書の検定（とその実物）を見たわけである。検定に合格したのは、八社六六点であった。検定意見は、合計で二四四件、一冊あたり平均三・七件だったという。初めての道徳教科書の検定であったからなのか、検定意見は異例の少なさであった。発行者側が自主規制したことがうかがえる（子どもと教科書全国ネット21『小学校道徳教科書検討資料集』二〇一七年六月）。

すでに、二〇一四年から使用されていた文科省著作の副読本『私たちの道徳』（小学校一・二年用、三・四年用、五・六年用）や二〇〇八年改訂の学習指導要領対応の『小学校道徳読み物資料集』（文科省、二〇一一年）に掲載されている作品が、どの教科書にも少なからず使われていた。「画一的な印象は否めない」（読売新聞、二〇一七年三月二五日「社説」）というマスコミの評価も行われた。

道徳教科書の検定とその検定を通過（合格）した道徳教科書は、いったいどのようなものであったのか。すでに刊行されていた文科省の副読本とあわせ、慎重に、注意深く検討されなければならないだろう。この検討は戦後初めての経験でもあり、しっかりと教育学的な知見に立って分析をすすめていく必要があるように思われる。

教育出版の「道徳」（一年生～六年生）には日本教育再生機構（八木秀次理事長）の有力メンバーが、監修・編集執筆者に名を連ねている。三人の監修者のうち、貝塚茂樹氏（武蔵野大学教授）と柳沼良太氏（岐阜大学准教授）がいる。貝塚氏は日本教育再生機構の理事であり、同機構の機関誌『教育再生』にしばしば道徳教育を中心に文章を寄せていた。二〇一三年に道徳の教科化に向けて文科省内に設置された「道徳教育の充実に関する懇談会」の中心的なメンバーであった。貝塚氏は、この間、小学校と中学校の道徳教科書のパイロット版（先行試験版）である『13歳からの道徳教科書』（育鵬社、二〇一二年）、『はじめての道徳教科書』（育鵬社、二〇一三年）、『学校で学びたい日本の偉人』（育鵬社、二〇一四年）の中心的な編者であり、執筆者であった。柳沼氏は、貝塚氏とともに『はじめての道徳教科書』（編集・作成）『学校で学びたい日本の偉人』（貝塚氏との共編）をつくってきた。道徳教科書にはスタンダードが必要だと考える二人が、教育出版版「道徳」の監修を担った事実は重視されなければならない。

さらに、教育出版版「道徳」には、育鵬社の『はじめての道徳教科書』や『学校で学びたい日本の偉人』に教材を実際に執筆している三人の小学校の教員が編集執筆者として名前を連ねている。教育出版の「道徳」と育鵬社の「パイロット版道徳教科書」とは密接な関係がある。

以下、教育出版の「道徳」の問題点を育鵬社の「パイロット版道徳教科書」との関係を考慮に入れながら論じてみたい。

2　教育出版版「道徳」と「日の丸・君が代」

教育出版版「道徳」には、他社の道徳教科書と違って、やや、異様に映る記述がある。それは、国旗・国歌に関してである。小学校二年生用にあり、学習指導要領の項目では、「C　主として集団や社会との関わりに関すること」のなかの「国際理解、国際親善」についての記述ということになる。学習指導要領は、「他国の人々や文化に親しむこと」（一・二年生）を扱うとなっている。そもそも学習指導要領の「特別の教科道徳」には、国旗・国歌を教える等の記述はない。たとえば、「社会科」には「我が国の国旗と国歌の意義を理解し、これを尊重する態度を養うとともに、諸外国の国旗と国歌も同様に尊重する態度を養うよう配慮すること」とあり、「特別活動」には「入学式や卒業式などにおいては、その意義を踏まえ、国旗を掲揚するとともに、国歌を斉唱するよう指導するものとする」との記述がある。この記述は国旗・国歌の指導の徹底などと問題とされた部分であるが、「特別の教科道徳」には国旗・国歌の記述はいっさいない。したがって、これに触れない道徳の教科書も検定を通過している。教育出版の「道徳」はきわめて特異であった。

次のような記述がある。

題名「大切な国旗と国歌」「国旗・国歌を大切にする」には、まず、「日本の国旗は『日の丸』、日本の国歌は『きみがよ』だね」と明示する文がある。国旗・国歌には「その国をきずいてきた人々の理そうや文か、ほこりがこめられている」とある。次に、国歌（きみがよ）の意味が説明される。君が代の歌詞の解釈は、とくに元歌との比較で「きみがよ」は何を指すのか、問題をはらんでいたが、『道徳』はこう書いている。「きみがよは／ちよに　やちよに／さざれ石の／いわおと　なりて／こけの　むすまで」の歌詞は、「小石が大きな岩となり、その上にこけが生えるまで、いつまでも日本の国がへいわでさかえますように、というねがいがこめられています」と説明する。「国旗や国歌を大切にする気持ちのあらわし方」については、「き立して国旗にたいしてしせいを正し、ぼうしをとって、れいをします」とあり、「国歌がながれたら、みんなでいっしょに歌います」と体育館で生徒が整然と整列する写真が挟まれている。

この記述はやや驚かされる。わざわざ歌詞の解釈まで示して、姿勢を正して歌いなさい、という指示がされている。学習指導要領には、道徳教育は「主体的な判断の下に行動」できる道徳性を養うことを目標とすると書かれている。姿勢を正し、帽子をとって礼をします、という指示表現は、学習指導要領にそもそも反するのではないのか。「考える道徳教育の教材」からはほど遠い。内心の自由を保障するという道徳教育にとっての本質的要請に対する考えが、ほとんど見られないということではないのか。

教育出版版「道徳」教科書の国旗・国歌の記述が、育鵬社の『はじめての道徳教科書』にある「国旗や国歌は国の〝シンボル〟なので大切にします」（二四四〜二四五頁）を利用していることは明らかである。「どの国の国旗・国歌も、それぞれの国の歴史や伝統、文化の中から生まれたものです」と語り、君が代については「小石が大きな岩となり、その上に苔が生えるまで、いつまでも日本の国が栄えますように」という意味があると解説している。国旗・国歌への敬意の表し方では、「国旗が掲揚される時は、起立して国旗に対して姿勢を正し（脱帽、目礼）、敬意を表します。その際、同時に国歌が斉唱される場合は、声を出して斉唱します」とあった。ほぼそのまま『はじめての道徳教科書』の意思が書き込まれていた。

私は、この教育出版版「道徳」の記述に触れたとき、すぐさま戦前の国定修身教科書を思い浮かべた。第五期国定修身教科書（一九四一年〜）の『初等科修身巻二』（三年生用）には「君が代」がある。「天皇陛下のお治めになる御代は、千年も萬年もつづいて、おさかえになりますやうに」という意味だと説明される。「君が代」が指すのは、日本の国ではなく天皇陛下と皇室のみさかえであった。「しせいをきちんと正しくして、おごそかに歌ふと、身も心を、ひきしまるやうな気持になります」とある。注意したいのは、次の戦地との関連づけである。「戦地で、兵隊さんたちが、はるかに日本に向かつて、声をそろへて、『君が代』を歌ふ時には、思はず、涙が日にやけたほほをぬらすといふことです」とある。「君が代」は戦争に利用されたという負の遺産の刻印がここに明確に記されている。

「日の丸」の方はどうか。『初等科修身巻一』（三年生）には「日の丸の旗」がある。「日本の旗は、日の丸の旗です」とある。「日の丸の旗は、いつ見ても、ほんたうにりっぱな旗です」とあり、私たちは「この旗を、立てることのできる国民だ。」「私たちは、しあはせな日本の子どもだ」とつくづく感じます、とある。ここでも、見逃せない記述がある。「敵軍を追ひはらって、せんりゃうしたところに、まっ先に高く立てるのは、やはり日の丸の旗です。兵士たちは、この旗の下に集って、声をかぎりに、『ばんざい。』をさけびます。」という戦場の記述がある。

国定修身教科書は、第一期（一九〇四年〜）からの変遷をいろいろ遂げているが、第五期の特徴として、次のような評価がなされている。「格調の高い文体を用いて文学的、詩的に感動をそそるものとなった」「戦争遂行という国家目的を大前提とし、そこから演繹的にみちびかれて国民道徳を、少国民錬成のために最も効果ある教材に編成しようとして周到に用意したものであった」（『日本教科書大系　近代編　第三巻　修身〔三〕』講談社、一九六二年、「修身教科書総解説」）。

教育出版の「道徳」は、戦前の国定修身教科書と同じように、日の丸・君が代に日本人の誇りや理想、大切にする気持ちを含めようとしていた。よく似た表現もあった。同時に注意したいのは、日の丸・君が代は先の太平洋戦争に利用されたという明確な事実である。日の丸・君が代は、侵略戦争のシンボルの役割を担ったということだ。

「その国をきずいてきた人々の理そうや文か、ほこりがこめられている」や「いつまでも日本の国がへいわでさかえますように、というねがいがこめられています」という叙述は、よほど注意深い検討がいるように思われる。敵軍を追いはらって占領した地に、真っ先に立てるのが「日の丸」であり、その旗の下で万歳を叫ぶ。これが人々の理想や文化の表現なのだろうか。平和への願いの象徴なのだろうか。「大切な国旗と国歌」「国旗・国歌を大切にする」。戦前の学校教育では、「日の丸」「君が代」はこのようにして大切にされていた。

国旗・国歌はその国の歴史や伝統から生まれたことは確かである。教育出版版「道徳」はそうであれば、国定修身教科書の教えた日の丸と、それが日本を他国への侵略という間違った道に結びついていた歴史も教えるべきだろう。

3　教育出版版「道徳」と「日本の偉人」

日本教育再生機構にとって道徳の教科化は宿願であって、安倍政権へ強い期待を表明し続けてきた。二〇〇八年に、「道徳教育をすすめる有識者の会」（代表世話人は渡部昇一上智大学名誉教授。賛同者各界代表一三〇名とされる）を設立させる。その中に道徳教科書研究会を立ち上げ、八木氏、貝塚氏、柳沼氏らが中心となって道徳教科書のパイロット版の作成をすすめてきた。先の育鵬社出版の『13歳からの道徳教科書』『はじめての道徳教科書』『学校で学びたい日本の偉人』がその「成果」であった。

同機構は、道徳教科書の出版先を育鵬社ではなく教育出版に替えた。自らの考えすべてを教科書に実現しようとするのではなく、検定を通過させて、部分的な実現を図ろうと思ったのではないだろうか。教育出版版「道徳」には、先の育鵬社パイロット版道徳教科書三冊に掲載した教材がしっかりと載っている。

そこで、育鵬社パイロット版より教育出版の「道徳」に掲載された教材二点について、その問題点を検討してみたい。教育出版『道徳五年生』の「稲むらの火」と『道徳六年生』の「米百俵」である。「稲むらの火」は『13歳からの道徳教科書』に掲載され、「米百俵」は『13歳からの道徳教科書』と『学校で学びたい日本の偉人』に載っていたものである。「稲むらの火」も「米百俵」もともに中学生用の道徳教育教材として書かれたものであったが、小学校高学年用に書き直したということであった。

(1)「稲むらの火」(五年生)について

「稲むらの火」は、学習指導要領の項目「D　主として生命や自然、崇高なものとの関わりに関すること」のなかの「感動、畏敬の念」に関する題材となる。

教育出版の「道徳」掲載の「稲むらの火」はこんな読み物であった。江戸時代のこと。村の高台に住む庄屋の五兵衛は地震の揺れを感じた後、海の水が沖合に退いていくのを見て、津波が押しよせてくることに気づく。祭りの準備に心を奪われていた村人に危険を知らせるため、五兵衛は自分の田の刈り取ったばかりの稲の束(稲むら)に松明《たいまつ》で火をつけた。火事を見て村人は次々に高台に集まってくる。その直後、津波が村を襲ったが、村人の命は助かった。

この稲むらの火は、実話を基にしている。庄屋の五兵衛にはモデルがいて、濱口梧陵（一八二〇年～一八八五年）であった。一八五四年一二月二三日に安政の東海地震（マグニチュード八・四）、翌二四日に安政の南海地震（マグニチュード八・四）が発生し、日本各地に大きな被害をもたらした。津波の高さは最高で三〇メートルを超えたといわれる。物語は、紀州和歌山藩広村を舞台にした濱口梧陵の活躍が描かれていた。

梧陵は、津波の被害を受けた広村の人々のために私財を投げ出して、にぎりめしの炊き出しや仮設住宅の建設をした。津波によって仕事を失った漁師や農民のために仕事をつくり、長さ六〇〇メートル、高さ五メートル、幅二〇メートルの堤防を建設した。この堤防の建設は防災とともに広村の人々の生活を支えた。

この事実をもとに、小泉八雲（ラフカディオ・ハーン）が物語を創作し（事実と異なる）、この話を中心に『生ける神』（A Living God）を一八九七年に出版する。四〇年後、「生ける神」の五兵衛（梧陵）に感動した小学校教師・中井常蔵（梧陵と同じ出身地）が、一九三四年文部省の国定国語教科書（第四期）の教材公募にハーンの文章を翻訳・再構成して応募する。それが入選してそのまま「稲むらの火」という題で、第四期と第五期の国定国語教科書（通称、サクラ読本とアサヒ読本）に載ることとなる（戸石四郎『津波とたたかった人――浜口梧陵伝』新日本出版社、二〇〇五年。原作・小泉八雲　文・絵　髙村忠範『津波!!　命を救った稲むらの火』汐文社、二〇〇五年など、参照）。

『13歳からの道徳教科書』掲載の「稲むらの火」は、読み物ではなく、短い評論（五頁）になっていたが、教育出版版「道徳」の方は読み物風になる。この教育出版掲載の「稲むらの火」は、中井常蔵が書き、第四期と第五期の国定国語教科書に入選し、掲載された「稲むらの火」をもとにして書かれたものであった。

したがって、教育出版版「道徳」が、『国定国語教科書』とほぼ同じ「稲むらの火」を掲載した意図（ねらい）を推し量る必要が出てくる。

「稲むらの火」は『第五期国定初等科国語教科書　巻六』（一九四一年〜、通称アサヒ読本）に掲載されている。「一　明治神宮」「二　水兵の母」「三　姿なき入城」「四　稲むらの火」とあり、以下「五　朝鮮のゐなか」と続き、「二〇　ひとさしの舞」で終わる（『日本教科書大系　近代編　第八巻　国語（五）』（講談社、一九六四年）。このアサヒ読本は、敗戦直後に墨塗りの指示を受ける。『国語　巻六』は二〇の教材の内、全文削除指示は一一教材、部分削除指示は五教材だった。ほとんどが墨塗りの対象となる、散々たる結果であった。無傷の教材は四つのみだった。「稲むらの火」は墨塗りの削除指示を受けていない。「一　明治神宮」は神道関連教材、「二　水兵の母」「三　姿なき入城」は戦意高揚教材による削除指示だった（吉田裕久『戦後初期国語教科書史研究』風間書房、二〇〇一年、参照）。

児童用教材「稲むらの火」について、文部省著作の「教師用書」（文部省『初等科国語　六　教師用』、一九四三年八月二九日発行）の方はどんな解説（教材の趣旨説明）を行っているのか。ここが重要な点となる。

教材の趣旨は、「『水兵の母』『姿なき入城』などの前教材に於いて、溢《あふ》れるばかりの愛国の至情を感得したのであるが、本教材では、その余情を受けて、郷土・村民を愛護するために尊き犠牲的精神を発揮し、天災地変の間によく多くの人命を救助した五兵衛の崇高な行為に共感させようとするものである」と解説している。「稲むらの火」の目的は、愛国至情の戦意高揚教材の後を受けた「犠牲的精神の発揮」を学ぶことにあるとしている。国家主義精神形成に向けての、前後の教材の配置が重要であることが理解されなければならない。

「教師用書」は村人の様子をどう説明しているのか。「この悽愴な光景には、村人たちは、ただ茫然自失するのみで、声さへ出なかつたのである。『波にえぐり取られてあとかたもなくなつた村を、ただあきれて見おろして』いる哀れな、惨めな村人の群集がはっきりと見えるやうである」とする。茫然自失の哀れな惨めな村人という姿が強調される。そうであるからこそ村人は、五兵衛に深く感謝する「謙虚な真実の姿」として描き出され、五兵衛は「神々しい姿」「神聖な厳粛な場面を活写」する必要があったと説明を加えていた。

原作の「稲むらの火」には、私財を投げ打って村の復興のために献身的な働きをした梧陵の生き方が隠されているのだが、それには触れず、「教師用書」は村人への愚民思想のもと、私財と命を捨てる犠牲的精神（神々しい姿）へと読者を誘うようにしてしまっている。「稲むらの火」をめぐる、こうした国家による解釈の仕方（変更）に注意が必要だろう。

一方、教育出版版「道徳」の「稲むらの火」には、さらに重要な問題点がある。原作に修正と加筆をしているのだ。文章の最後、締めの部分。この加筆こそ、この教科書の監修者の思想が端的に示されているように思えてならない。両者を比較してみる。注意してよく読んでほしい。

「国定国語教科書」――「稲むらの火は、風にあふられてまたもえあがり、夕やみに包まれたあたりを明かるくした。始めてわれにかへつた村人は、この火によつて救はれたのだと気がつくと、ただだまつて、五兵衛の前にひざまづいてしまつた。」

教育出版版「道徳」――「われに返った村人は、稲むらの火が救いの火であったことに気づき、五兵衛のすがたを求めた。村人は、真っ赤に燃えるほのおをせに、果てしもなく広がる海に向かって立つ五兵衛のすがたに気づくと、無言のままひざまずき、しっかりと手を合わせるのであった。」

教育出版の道徳教科書は、明らかに、改作を企てたと思う。「国定国語 教師用書」が意図する「神々しい姿」の明示化であったのではなかったか。

「美しいものや気高いものに感動する心や人間の力を超えたものに対する畏敬の念をもつこと」（学習指導要領 特別の教科道徳）に応えるためには、「国定国語教科書」の原作を改作し、村人たちは、「果てしもなく広がる海に向かって立つ五兵衛のすがたに気づくと、無言のままひざまずき、しっかりと手を合わせるのであった」と書き加える必要があった。そして、これはまさに、「国定国語 教師用書」がいう「神々しい姿」「尊い犠牲的精神の発揮」の意図的解釈への限りない接近であった。国定国語教科書でさえしなかった加筆を、教育出版版「道徳」はそれを行ったことになる。

教材「稲むらの火」については、戦前の国定国語教科書においてどのように取り扱われたのか、十分によく検討されなければならない。その上で、実際の教室で、教師たちの工夫がなされるべきだろう。

（２）「米百俵」（六年生）について

教育出版版「道徳」の六年生用には、「米百俵」（山本有三作『米百俵』一九四三年より）がある。この「米百俵」は、『13歳からの道徳教科書』と『学校で学びたい日本の偉人』でも取りあげられており、特に後者には実際の授業の記録（中学生）が載っていた。山本有三の原作『米百俵』は戯曲であったが、これら教科書の米百俵はすべて読み物風にしてある。

「米百俵」は、学習指導要領の「C　主として集団や社会との関わりに関すること」のなかの「伝統と文化の尊重、国や郷土を愛する態度」に関する教材ということになる。

「米百俵」の物語のあらましはこうである。新潟は長岡藩の大参事小林虎三郎の話である。明治維新の戦いで幕府側につき敗れた長岡藩は、町を焼かれたうえ、藩のろく高も大幅に減らされてしまった。藩士たちはその日その日の食べ物にも困るようになった。

一八七〇（明治三）年の春のことである。長岡藩と親類付き合いをしていた三根山藩が見舞いとして米を一〇〇俵送ってきた。藩士たちは喜んだ。そして、その一〇〇俵の米が配分されるのを、今か今かと待ちわびた。ところが、藩の大参事の小林虎三郎が、米をお金にかえ、学校を建てると言いだした。これを聞いた藩士たちは大いに怒って、数人の武士が小林邸にのりこみ、抜刀して小林に米の配分を迫る。

教材は、小林がいかに藩士を説得するか、そこが焦点となる。救援米一〇〇俵を、将来の一〇〇〇俵・一〇〇〇〇俵として生かすべく、人材養成のための学校設立（国漢学校、医学局と洋学局が併設される）に使う、その大義である。

食えない状況になった原因は何か。大参事小林はいう。「それは、わが藩に人物がとぼしかったことだ。それだから、おろかな戦いをしたのだ。もののわかる人物がもっといたなら、こんなひどいめにあわずにすんだのだ。長岡が栄えるのもおとろえるのも、この日本をおこすのもほろぼすのも、ことごとく人にある。一日も早く、人物を養成することに力を注がなければならない。」

「米百俵」の趣旨は明快だと思う。この教材についての私の疑問は、『13歳からの道徳教科書』も『学校で学びたい日本の偉人』も、ともに「米百俵」の作者山本有三への関心をほとんど示していない点である。一九四三年という太平洋戦争決戦時、どのような思いで山本はこの作品を書き上げたのか。「米百俵」という作品の背景への考察がないことだ。

山本有三は、「米百俵」の「はしがき」でこう述べる。「『米をつくれ。』『船をつくれ。』『飛行機をつくれ。』と、人々はおほ声で叫んでをります。もちろん、今日の日本においては、これらのものに最も力をつくさなければならないことは、いふまでもない話しであります。しかし、それにも劣らず大事なことは『人物をつくれ。』といふ声ではありますまいか」。

また「そえがき」に言う。「この時、国漢学校に百姓や町人の子どもを入学させたことです。……身ぶんの低いさむらいの子はもちろん、町村の子弟までも入学を許したということは、非常な卓見と言わなければなりません」。

山本有三とともに『日本少国民文庫』(山本は『心に太陽を持て』を一九三五年に第一回配本として刊行している。その最終刊は、吉野源三郎の『君たちはどう生きるか』一九三七年、である)の編纂に関わった高橋健二は、「米百俵」を解説して次のように言う。

「太平洋戦争下にあっては、人間尊重の考え方は危険思想と見られたのである。実際、ある文学者は、『米百俵』の作者は『女の一生』で検挙された時の左翼思想を持ち続けているのではないか、と公然非難しさえした。滅私奉公の精神で『身も鴻毛の軽きに致す』ことが至上命令とされたのであるから、人間こそ大切だという考えは、排除されねばならなかったであろう。それで、『米百俵』は軍部などから反戦戯曲とされ、そのため絶版にさせられ、自主回収を余儀なくされた、なども伝えられている。」(山本有三『米百俵』新潮文庫、二〇〇一年)

「我が国や郷土の伝統と文化を大切にし、先人の努力を知り、国や郷土を愛する心をもつこと」(学習指導要領　特別の教科道徳)を教えるのにふさわしい教材であるとされる「米百俵」が、「人間こそ大切だ」という考えによって刊行されてすぐに排除・弾圧されていた。これは大変な矛盾である。「米百俵」は国や郷土を愛することを裏切る教材だったわけだ。教育出版の「道徳」の執筆者は、この矛盾をどう解くのだろうか。

濱口梧陵と小林虎三郎の事例は、「偉人」を道徳教材に使う難しさを感じさせる。国定国語教科書のなかの濱口は、前教材による溢《あふ》れる愛国の至情の感得を果たした後を受けて、尊い犠牲的精神を発揮した崇高な行為を行った人物であり、哀れな民衆から「神々しい姿」として見られる偉人に描きだされていた。小林虎三郎は「国がおこるのも、ほろびるのも、町が栄えるのも、衰えるのも、ことごとく人にある。だから、人物さえ出てきたら、人物さえ養成しておいたら、どんな国でも、必ずもり返せるに相違ない」と考える人であったが、太平洋戦争決戦体制下においてはこの人間尊重の考え方は軍部によって危険思想とみなされ、排除されている。権力と国家は、自己の都合にあわせて偉人たちを好きなように解釈し評価し、それを人々に押しつけていた。偉人を通して「感動、畏敬の念」や「国や郷土を愛する態度」(学習指導要領)を教えるということは、一筋縄ではいかない複雑な文学性を解きほぐす作業を行うということだろう。

4　なぜ偉人を取りあげようとするのか――戦後民主主義と道徳の教科化を問う

国旗・国歌と二人の「偉人」の事例を含めて述べてきたが、教育出版版「道徳」には大きな問題が隠されているように思われる。それは、たまたま、偶然に問題が見つかったということではなく、ある必然性があるように感じられる。

貝塚茂樹氏は、『学校で学びたい日本の偉人』のなかで、道徳教育ではぜひ偉人を取り上げたいと述べている。子どもにとってあるべき理想の人間像を描き、それこそが道徳的な実践の型（モデル）になるからだとする。しかし、戦後日本では、戦前と戦後との断絶をことさらに強調する傾向があって、戦前の教科書で取り上げられた偉人の多くは、戦後の教科書からは姿を消してしまったという。軍人や宗教者という立場が単純に戦争や軍国主義をイメージさせるという理由で否定されたからだ。それはきわめて感情的で感覚的なものであって、何ともお粗末な理由であったと断言している。戦後日本社会には偉人を取り上げることを躊躇し、タブー視する風潮があったという。

貝塚氏は、戦前の国定教科書には、国語教科書で一八五人、修身教科書では一四二人の主要な人物が掲載されていたという。これに今こそ学ぶ必要があるとする。偉人への憧れや共感を意図的に抑え込むのでなく、理想とする人間像を描きだす、そういう工夫が必要であると説くのである。もちろん、偉人をその生きた時代の中で考えることは重要であり、短絡的に今の時代に当てはめることは危険だとし、正確な理解こそが必要だと述べている（「はじめに――偉人の生き方から学ぶ道徳教育」）。

この理想とする人間像こそ小林虎三郎であり、濱口梧陵であったことになる。しかし、貝塚氏らのこの偉人にたいする関心には、すでに見てきたような問題点があり、正確な理解を示しているとは思えなかった。なにより、戦前教科書の中の偉人たちは、戦争と軍国主義のイメージで否定され、その否定は感情的で感覚的な理解（タブー視）であったと言い切ってしまう、その言い方が気になる。戦前の偉人たちはほんとうにイメージ先行で否定されたのかどうか、そもそも、教科書のなかの偉人たちは、実際のところどのように描かれていたのか、ていねいな分析が必要であろう。

『学校で学びたい日本の偉人』のもう一人の編者である柳沼良太氏は、貝塚氏とはやや異なる表現をとっている。偉人伝が道徳の授業で忌避されるようになった理由には、国家に滅私奉公で貢献した人物の話を読ませて、従順な国民（臣民）を形成しようとした歴史があったとし、「たしかに戦前の修身科の授業では、愛国心を育成し、富国強兵に役立つ人材を育成しようとする資料がなかったわけではありません」と述べている。「肝心なのは、国家に従順かどうかではなく、よりよい社会を築くためにどれだけ貢献してきたか」だという（「おわりに――偉人を取り上げる教育的意義」）。注目してよい発言だが、そうであれば、偉人の例ではないが、修身科における「日の丸」「君が代」の従順な臣民形成の記述をどう考え、なぜ、教育出版版「道徳」に先に示したような国旗・国歌の記述を行ったのか、その理由を聞いてみたい。

貝塚氏は、『13歳からの道徳教科書』で言う。

戦後教育の歴史の特徴は、様々な教育事象を「戦前＝悪、戦後＝善」あるいは「体制（国家）＝悪、教育運動（大衆）＝善」という単純な二項対立図式の中で捉え、戦前と戦後の断絶をことさらに強調してきた。戦後の憲法・教育基本法の民主主義的な理念が正当化されていく中で、戦前まで日本の道徳教育の理念の中核となった教育勅語と道徳教育を担う教科である修身科は、強く否定された（『13歳からの道徳教科書』に込めた思い」）。

貝塚氏は、戦後の道徳教育は「思考停止」状況にあると捉え、その元凶は「修身科＝悪玉論」と「教育勅語後遺症」にあるとする。修身科はその功罪を十分に検討してこなかったといい、教育勅語に掲げられた徳目までも否定され、深刻な道徳の空白が生じたと述べる。修身科や教育勅語がいったいどのようなものであったのか、その検討は必要であるが、それを見直し復権させるための検討には賛成できない。貝塚氏には、明らかに「見直しと復権」が意図されているだろう。

貝塚氏には、戦後民主主義への深い懐疑があるだろう。もしかして、敵意のようなものすらあるのかも知れない。そうした人物が、二〇一三年、文科省内に設置された「道徳教育の充実に関する懇談会」の委員になり、「特別の教科である道徳」を主張したことは注視しておきたい。貝塚氏は、「道徳の教科化こそが、道徳教育のあり方に関わる歴史的かつ構造的な課題である」（『道徳の教科化——「戦後七〇年」の対立を超えて』文化書房博文社、二〇一五年）と述べている。貝塚氏の道徳教育論を本格的に検討しなければ、この教育出版版「道徳」の出現は説明できないだろう。

5　教科化に執念燃やした人物

貝塚茂樹氏は、道徳の教科化を主張し続けてきた道徳教育の専門家であり、最近の著作『道徳の教科化』をみても、その執念がよく読み取れる。

二〇一五年三月に、学校教育法施行規則の一部を改正する省令及び学習指導要領の一部改正が告示され、「道徳」は「特別な教科　道徳」と改められた。これによって、道徳の教科化が正式に決定する。小学校は二〇一八年度から、中学校は二〇一九年度から完全実施され、同時に、検定教科書を使用することになった。

道徳の教科化の動きは、いったい、いつ頃からはじまったのか。本章第1節でもふれたように、二〇〇〇年の総理大臣諮問機関（小渕恵三首相と森喜朗首相）であった教育改革国民会議の「教育を変える一七の提案」まで遡《さかのぼ》ることができる。同会議は教育基本法の見直しを提言したことで有名であるが、「学校では道徳を教えることをためらわない」として、小学校に「道徳」（中学校は「人間科」）の教科を設けることを主張した。この道徳の教科化は、二〇〇七年、二〇〇六年一二月の教育基本法「改正」をうけて、第一次安倍晋三内閣の教育再生会議の第二次報告で、「道徳を教科化し、現在の『道徳の時間』よりも指導内容、教材を充実させる」との主張に引き継がれるが、中教審での審議において実現せず、持ち越される形となる（当時の道徳教育については本章第3節を参照）。

道徳の教科化の直接の契機は、二〇一三年の第二次安倍内閣のもとで設置された教育再生実行会議が二月に発表した「いじめ問題等への対応について（第一次提言）」であった。提言は「道徳の教材を抜本的に充実するとともに、道徳の特性を踏まえた新たな枠組みにより教科化し、指導内容を充実し、効果的な指導方法を明確化する」とうたっている。この提言に基づき、文科省内に「道徳教育の充実に関する懇談会」が設置される。貝塚氏はここの委員になる。同懇談会は、二〇一三年一二月に「今後の道徳教育の改善・充実方策について（報告）――新しい時代を、人としてより良く生きる力を育てるために」をまとめる。そして、その内容は、中央教育審議会の答申「道徳に係る教育課程の改善等について」（二〇一四年一〇月）に引き継がれ、具体化される。こうして、道徳の教科化は決定的なものとなった。「特別の教科　道徳」として新たに位置づけられ、「特別の教科　道徳」は道徳教育の要となったのである。

貝塚氏は、道徳の教科化は戦後七〇年の長きにわたる課題であり、「これが実現したことの歴史的意義は特筆すべきである」と最大限の賛辞を示す。「学校における道徳教育は、特別の教科である道徳を要として学校の教育活動全体を通じて行うもの」（学習指導要領総則）である以上、道徳の教科化は、彼にとって絶対に必要なことであったのだろう。

貝塚氏にとって道徳の教科化は、もっと早くに実現していなければならなかった。それを阻んでいたものは何か。その根本的な要因は、道徳教育が一貫して政治的なイデオロギーの争点とされてきたことだという。道徳教育が教育論として語られることはなく、ほとんど政治論として論じられ、政治的イデオロギーの対立の中に解消されてきた。これが道徳の教科化の実現を踏みとどまらせてきた最大の原因であった、と独自の見解をのべる。

ここにいう政治的イデオロギーの対立の争点とはなにか。端的にいえば、それは戦前の修身科に対する感情的な否定と批判であった、という。貝塚氏にとって、戦前の修身科の否定は許しがたい暴論であり、それは教育論などというものではなく、政治的イデオロギーでしかなかったというわけだ。「こうした修身科への感情的な全否定が、道徳教育論を思考停止させてしまっている元凶である」「道徳教育の議論においては、戦前の修身科をタブー視すべきでない」。

貝塚氏に決定的に欠けている点は、戦前天皇制における教育の国家統制（教科書の国定制など）がいかに人間性を破壊し、日本人を侵略戦争へ駆り立てたかの反省である。戦前の修身科が、人間の道徳性の形成を損ない、多くの人々を自己に忠実に生きることを不可能とした、その事実の誠実な探求である。戦前の道徳教育が、あくまで自主的に自己の責任において行動を選択するという、つまり、自主的判断力の形成にどれほど無力であったのか、むしろ対極にあったという役割にしっかり向きあっていない、ということである。

修身科のタブー視という貝塚氏の攻撃の裏には、戦前の天皇制道徳教育に対する真摯《しんし》な検討がほとんどない、という問題が隠されている。道徳の教科化は、戦前の修身科に内在するこの問題をまっとうに解決しなければならない。道徳を教科にしてはならない、という戦後教育の良識はここに最大の理由があったものだと確信している。

第３節　修身教育を復活させてはならない
――二〇〇八年学習指導要領の問題

二〇〇八年改訂学習指導要領は、「道徳の時間」を要としつつ、各教科の道徳教育を推進すると謳《うた》った。改訂を答申した中央教育審議会の副会長である梶田叡一は、教育勅語の徳目を基準にした修身教科書を肯定する発言を行ったが、この梶田の発言を支えるのが、日本教育再生機構の道徳教育論であった。

再生機構理事長の八木秀次は、戦前国定修身教科書を読み、現代に復活させたい修身教材を選び提示した。国定教材は、教師による自由な解釈と批判をいっさい許さなかったのだが、八木は、その点にはひと言もふれずに教育勅語の徳目教材の再生復活を説いた。

「徳目主義」とともに、日本教育再生機構はアメリカ発のゼロ・トレランス（寛容なき生徒指導）を声高に主張する。毅然とした処罰主義と教育勅語の徳目主義こそ、再生機構の道徳教育論の核心であった。

本節では、この処罰主義と徳目主義の問題点、それをこえる戦後道徳教育思想（勝田守一）が存在したことも含めて論じてみたい。

1　二〇〇八年指導要領は修身（徳目教育）を復活させる？

二〇〇八年に改訂された学習指導要領の小学校完全実施を前にした時期、道徳教育の分野で、見逃せない問題が現れていた。徳目そのものを毅然として教えるべきだという主張である。そしてこれは、教育勅語の徳目を基準にした戦前の修身教科書を批判せず、むしろ肯定する考えさえもっている。たとえば、梶田叡一の「道徳的な価値概念（徳目）の教育を」（『現代教育科学』二〇一一年四月）がそれであった。梶田は、今回の学習指導要領改訂を答申（二〇〇八年一月）した中央教育審議会の副会長で初等中等教育分科会長であっただけに、ことは重大であり、その発言の影響力はきわめて大きいと思われる。なぜ、こうした主張が現れるのか。その理由と問題点を明らかにしたい。

〇八年指導要領における道徳教育における改訂のポイントは、道徳の時間を要とする道徳教育を行い、また、各教科における道徳教育の推進が明記されたことである。そのために道徳教育推進教師がおかれる。道徳教育の強化は明白であった。道徳教育の「目的」の改訂をみてみよう。傍線部分の追加が重大である（総則の部分）。

「伝統と文化を尊重し、それらをはぐくんできた我が国と郷土を愛し、個性豊かな文化の創造を図るとともに、公共の精神を尊び、民主的な社会と国家の発展に努め、他国を尊重し、国際社会の平和と発展や環境の保全に貢献し未来を拓く主体性のある日本人を育成する」。

これは、新教育基本法に「愛国心」が盛り込まれたことに準じる変更であった。また、第三章の道徳の部分では、「道徳的価値の自覚及び自己の生き方についての考えを深め」が追加され、「先人の伝記、自然、伝統と文化、スポーツなどを題材とし、児童が感動を覚えるような魅力的な教材の開発や活用」が新たに強調された。

おそらく、こうした「伝統の尊重」や「（感動を覚える）先人の伝記」などの強調が、「徳目の教育」を積極的に導入せよ、という主張の根拠になったのではないか。先の梶田は、「敗戦後の腰の引けた道徳教育から脱皮」をして、「愛や恩」といった徳目を教えよ、と述べていた。

「新しい道徳教育では、戦前の修身教育の中核となっていた徳目（儒教道徳的な仁・義・礼・智・信など）に関する教育は、現在に至るまで排除されてきている。」「日本の学校教育の世界では、残念ながら、未だに『敗戦ショック』を引きずり、占領軍が導入した『民主教育』に固執し、無批判にそれを守り続けることをもってよしとする、といった無批判的かつ守旧的な気風が残っているからである。しかし、儒教道徳的なものも含め、新しい形で道徳的な価値概念についてもきちんと教え、考えさせ、生活の具体の中で生かす努力をする、ということをやっていかないと、単なる生活上の便宜とか利害得失といったことを乗り越えた強靱《きょうじん》な倫理的価値意識は育っていかないのではないだろうか。」

梶田が言う「徳目の教育」は、戦前の修身教科書の内容を否定しない。梶田は、なぜ、戦後改革時に修身教科書が使用停止となり回収の措置がとられたのか、その考察を回避している。修身への批判意識がないことに驚かされる。戦後教育の構想（修身科に代わる公民教育や社会科の構想など）は、平和を愛し戦争を憎み、偏見にとらわれない科学的理性と近代的市民意識に目覚めた人間のモラルの育成を目標にしていたが、梶田にはこうした点への無理解（意図的にか!?）が深く感じられる。

修身の復活を望むのは梶田ばかりではない。同じ『現代教育科学』では、安藤豊（北海道教育大学名誉教授）は「占領下『修身科批判』の呪縛を取りのぞこう」と述べ、野口芳宏（植草学園大学）は戦前の道徳教育を「全面肯定」する。武蔵野大学の貝塚茂樹は、敗戦直後の修身科論議は、社会的認識と道徳的判断を育成するという視点からの批判は不十分であり、修身科＝悪玉論という固定化されたイメージが蔓延《まんえん》したのは問題であったと述べる。「徳目を教える」という修身科がはたした役割は否定されてはならない、とした。

徳目をしっかりとストレートに教えよ――指導要領を改訂した中心人物がそのように言う。その徳目は修身教科書と同じであって構わないと。なぜ、こうした主張が生まれてきたのか。実はそのように主張される原因＝社会的基盤があった。

2　日本教育再生機構の道徳教育論

(1)　道徳教材作成への意欲

貝塚茂樹は、『教育再生』（二〇一〇年四月）という雑誌で、「あるべき道徳教材をどのように考えるか」を論じている。戦後教育は、教育勅語と修身科について十分な議論を尽くすことができなかったと述べ、そのために価値の押しつけはいけないという理由で、戦後教育は「徳目」を教えることに極端に臆病になってきたと主張する。貝塚は、たとえば、「いかに生きるか」を教えるには「いかに死ぬのか」を問う必要があるとし、「戦争で散華した英霊の遺書を積極的に授業で取り入れること」を提案した。

この『教育再生』は、日本教育再生機構の発行物である。同機構は、安倍晋三内閣の「教育再生」を後押しするために結成されたもので、理事長には八木秀次（高崎経済大学）が就いた。八木は「新しい歴史教科書をつくる会」の元会長であった。『教育再生』は、改正教育基本法の成立のすぐあと、二〇〇七年一月から発行されている。

『教育再生』を一冊一冊捲《めく》っていくと、道徳教科書（副教材）の作成にずいぶんと力を入れようとしていることがわかる。教育勅語を賛美し、修身教科書に学べという主張が目につく。道徳教育の勉強会を開き、「道徳教育のタウンミーティング」を広島、大阪、堺、愛媛、千葉と行っている。「子供を明るく元気に　道徳教育タウンミーティングin千葉」（二〇一〇年一月）では、森田健作知事が登壇し、「子どもの心に響くような」道徳教育の手法をぜひ開発してほしいと挨拶、山谷えり子自民党参議院議員は「子供たちにあこがれの偉人伝をたくさんプレゼントしたい」と述べ、それを受けて八木秀次は、教育勅語を高く評価し、修身に似せた教科書の作成に全力を出したい、と述べた。

同機構は、「道徳教育をすすめる有識者の会」を二〇〇八年八月に発足させ（代表・渡部昇一）、パイロット版道徳教科書の作成をめざす。趣意書は「わが国の国民性を継承させるための教育は、一貫して危険視され、タブー視されつづけ、教科書や副教材のなかから、道徳的な説話や偉人の伝記などが次々に消されてきた」と述べ、正義、勇気、勤勉、忍耐、あるいは公共心や愛国心を教えるスタンダードモデルを提示したいとする。

すでに二〇〇二年、八木は『親子で読みたい精撰「尋常小學修身書」』(小学館文庫)を編んでいた。一九〇四年以降の国定修身教科書(第一期から第五期まで)より「率直な心を持つ」「自分を慎む」「礼儀正しくする」などの徳目に応じた教材を選び出す編集方法である。八木は、戦後これらを「教える」ことに躊躇した結果、われわれはどれだけのものを失っただろうか、と述べる。ためらわずに「修身」の内容を今こそ再び教えるべきとする。修身書は「古今東西の偉人・賢人の具体的なエピソードを綴ったもので、今日の目から読んでみても違和感がない」ものが多いとし、全面否定はおかしいという。

では、八木が精撰した「修身書」の内容はどうか。八木は、修身科に盛り込まれた内容はすべて教育勅語の趣旨にもとづいていたこと、したがって、個々の徳目の意味内容も天皇制の精神構造全体と関連づけられなければならないこと、また、国定という制度は、権力が政策実現に有利なように教科書の内容を自由に思いのままに変更しうるものであり、かつ自由な解釈と批判をいっさい許さなかったことなど、その基本性格を説明しない。「今日通用しないものは採用しなかった」と八木は言うが、第五期(一九四一年〜)では、戦争目的と戦争行為・侵略行為を美化する教材だけでも四割に及んでいることには言及しない。ここにまず問題がある。

八木は、冒頭「基本」編として、第一期の小学二年用の全文を掲載する。第一の「おやこ」から、「おかあさん」「おとうさん」「じぶんのこと」と続き、「ひとにめいわくをかけるな」、そして最後第二七「よいこども」まで。徳目主義の典型であろうが、注目したいのは、たとえば、第二三の「てんのうへいか」や二四の「ゆうき」である。「てんのうへいか」では、「てんのうへいか　の　ごおんを、おもわね ば なりません」とあり、二四の「ゆうき」は、「らっぱ を くち に あてたま ま で、しんでいました」という木口小平の戦争美談である。これは天皇と戦争への忠誠と賛美の話である。今日でも「通用する」という判断か。また、徳目主義は、子どもの興味をよびおこすことがむずかしいという難点（説示に終始する）をかかえたが、この点の八木の検討はない。

勅語の「夫婦相和シ」や「兄弟ニ友ニ」という家族関係における徳目も、家父長制の序列秩序を前提にしたものであれば、今日に通用することはありえない。徳目にこだわり伝統を尊重すれば、修身教科書に行きつくのは明らかであり、日本教育再生機構の問題点はここにある。なお、同機構の考えが梶田叡一の発言を支えており、その関係に注視したい。

(2)「ゼロ・トレランス」

『教育再生』は修身へ高い評価を与えるが、もう一つ見逃せない点はアメリカ発のゼロ・トレランス、すなわち「寛容さなしの生徒規律指導」への期待の高さである。ゼロ・トレランスは、暴力、いじめ、教師への反抗など規律違反にたいして、その理由如何を問わず〝寛容さなしに〟規則に従って毅然として処罰指導するという指導法であり、全教員が「同じ方針で臨み、決してぶれない」という強い姿勢を求める。八木秀次らは、これに強い賛同を示す。「徳目を教えること」と「罰則を与えること」。両者は不可分の関係であった。

八木は、前掲「修身書」の解説で、ゼロ・トレランスとは、「産業界から起こった理念であった。生産ラインにおいて『不良品は絶対に許容しない』という考えであったが、これが教育界に応用され、子供たちを断じて『不良品』にしないという考え」であるとのべる。子どもたちを不良品にしない！子どもはそもそも商品なのだろうか。彼の教育観がまずは問われよう。

ゼロ・トレランスを積極的に導入しようとした人物に、加藤十八（中京女子大学〔現・至学館大学〕名誉教授）がいる（『アメリカの事例から学ぶ学校再生の決めて』学事出版、二〇〇〇年、『ゼロトレランス規範意識をどう育てるか』学事出版、二〇〇六年、など）。その加藤は、「道徳教育は徳目教育である」（『教育再生』、二〇〇八年六月）と述べている。道徳的価値の発達に関する子どもの内発的移行を重視するL・コールバーグらのモラルジレンマ法を加藤は批判し、「伝統的な倫理観を勇気をもって教え込むべきである」とのキャラクターエデュケーション（道徳教育は徳目教育である）を主張する。日本教育の堕落再生の手がかりにしたい、と述べている人物であった。

ゼロ・トレランスは、教育政策にもとり入れられ、文科省・国立教育政策研究所生徒指導研究センターは「生徒指導体制の在り方についての調査研究―規範意識の醸成を目指して」（二〇〇六年五月）、を発表する。「事態が改善されないときは、罰則に基づき懲戒を与え、学校の秩序を維持し、子どもの自己指導力を育成する」「出席停止は、生徒指導上有効な手段の一つ」と述べた。八木や加藤らは、意を強くし、「校則をしっかり整備し、それを生徒・父母にしっかりと伝え、校則に違反した生徒には罰則を与え立ち直らせるなどの当たり前の指導観に立てば、教師は水を得た魚のように、一生懸命生徒指導に邁進します」（前掲『ゼロトレランス』）と呼応した。懲戒の一律実施を行い、子どもの内面や規律違反の原因の社会的背景を考慮せず、子どもへの共感をタブーにする生徒指導観が広がるだろう。

この調査報告書の作成に加わった同センター統括研究官である藤平敦は、『教育再生』(二〇〇九年二月)に登場し、八木と対談を行い、「ならぬことはならぬ」指導を主張し、「日本流ゼロトレランスで学校は立ち直る」と両者は意気投合した。

「ゼロ・トレランス」にしろ、「徳目教育」(キャラクターエデュケーション)にしろ、これらは、一九八〇年代レーガン政権の教育政策を支える思想であった。八木は、レーガン政権の『危機に立つ国家』(一九八三年)や同じ時期のイギリスのサッチャー政権の「品質保証国家」政策を高く評価している。修身教育復活論者は、新自由主義(市場原理と競争主義)にきわめて親和的であったということである。新自由主義政策によって引き起こされる格差・貧困の拡大など、社会秩序崩壊への原因探求は怠る一方、ただただ人権思想を嫌い恐怖し、社会問題を「道徳」の問題にのみ解消する八木秀次の考えは、このように特徴づけることができると考える。

さらに気になる人物として、TOSS(教育技術法則化運動)代表で、再生機構代表委員の向山《むこうやま》洋一がいる。彼は「道徳教育の『型』を示そう」(『教育再生』二〇〇八年一二月)で、社会主義体制の崩壊とくらべ、戦前の日本はよほど品位があり人間的であったと述べ、また、理解しがたい子と親の出現にたいし(モンスターペアレントという名付け親は向山である)、悪いことは悪いと教える教育が必要だとした。道徳的価値を教えるうえで、歴史上の人物の生き方を教えることは大賛成ですと述べている。一万人の会員がいる教育技術法則化運動の代表が、修身復活思想にきわめて近い位置にいることに注意したい。

3　勝田守一の公民教育構想（道徳教育の課題）

貝塚茂樹は、敗戦直後における修身教育の問題点の克服は、社会認識と道徳の結合という点で成功しておらず、不十分であったとする。両者の結合の試みは、『公民教師用書』（文部省、一九四六年九月と一〇月）の作成では占領政策とのかかわりで変質し、さらに社会科の成立によって立ち消えとなった、という。この過程の検討は十分に慎重であっていいが、修身科の「功罪」を検討すべきである、あるいは、徳目を教えることは否定されてはならない（前掲『現代教育科学』）との貝塚の結論は、とても賛成できない。

そこで、最後に、『公民教師用書』の作成に加わった勝田守一（一九〇八年～一九六九年）をとりあげ、文部省内で勝田がどのような思いで修身に代わる公民教育（社会科）を構想しようとしたのか、その核心に迫りたい。それは、再び修身教育に倣《なら》って「徳目を教える」などの提起とは異なる、今日に求められる道徳教育の課題に気づかせてくれる。

勝田は、一九四三年に文部省に入り、戦後、そのまま文部省に残り、公民教育刷新委員会の世話人になり、社会科主任を担当、学習指導要領（社会科編）を作成する。『勝田守一著作集1』（国土社）に収載される戦後もっとも初期の論文（四六年から四七年）は、勝田がなみなみならぬ熱意で公民教育の構想を練り上げようとしたことを示している。

ＧＨＱ（連合国軍最高司令官総司令部）は、四五年一二月末、修身、国史、地理の授業停止を指令する。地理と国史は暫定教科書編纂《へんさん》の措置がとられたが、修身は別であった。編纂計画は中止され、道徳教育の本来のあり方自体への批判と検討が必要とされた。日本側は、ＧＨＱとは無関係に自主的に公民教育刷新委員会を設置し、四五年一二月に答申を出していた。答申は、過去の国民性を批判し修身科の廃止を提唱、近代的な公民科の設置を求めた。翌四六年、答申にもとづき公民教師用書の作成を行う。勝田は、この動きの中心的人物の一人であった。

勝田は、戦争と敗戦という現実に直面する事実にもとづいて公民教育の課題を考えた。無謀な戦争をひき起こし、敗戦し、国民生活を破綻におとしめた日本の社会と教育のシステムが批判されなければならない。同時に、無謀な戦争に従い、それを支持し、今や精神的な確信をなくし物質的な秩序の喪失に生きる人々が、その現実のなかから、どのようにして再建の希望を見いだすのか。再建を担いうるモラリティーをそなえた人間はいかにして形成されるのか。公民教育の課題はここにあると勝田は考えた。「教育、とくに道徳教育は」と、勝田は何度か言い換える。勝田の公民教育論は、道徳教育を色濃く滲ませていた。

勝田は、人間性への究極の信頼を模索する。そのために、現実の人間を厳しく批判する。自分のことを考えていればよい、あとは上から命令されたことに従っていればよい、と考える個人が多い。服従はするが、奉仕はしない人間。こういう個人が多ければ社会生活は停滞し発展しない。私たちは独断的になることを強要されてきた。自らを絶対と信じた精神が一挙に崩壊したとき、人々は深い懐疑に陥った。驕慢は卑屈に変わり、自讃は自嘲《じちょう》に変わった。卑屈と自嘲は、身を翻し、既成の新しきものの模倣へと安易に移行する。この模倣の軽薄さと力なさでは、これまでの教育の鋳鉄《ちゅうてつ》制度は微動だにしない。活発な討議は大切だが、感情的な反発や修辞による論破あるいは情緒的な同感、安易な付和雷同であれば無意味である、等々。これら一つひとつの克服を勝田は、公民教育の課題とした（前掲『著作集1』より）。修身科は廃止のほかなく、「徳目を教える」との考えは勝田にあまりに遠かった。

勝田は、四七年に、人間における悪の出現の執拗な根深さを人間存在の根拠のうちに暴き出そうとしたシェリングの『人間的自由の本質』（一八〇九年）を考察する（「人間の現実的自由　シェリングのことばを借りて」〔一九四七年〕『著作集7』）。ドイツロマン派の哲学者シェリングは卒論以来（一九三二年）の研究対象であったが、敗戦後のこの時、勝田はシェリングの「人間の悪」の考察に真正面から挑む。戦争の惨禍と信頼と不信との岐路に立っているこの苦悩の時期に、勝田は、どうしても自らの「再生の姿」を見いだしたいと願った。「あらゆる非人間的行為とあらゆる卑小さがわれわれの周囲にはみちあふれている。早急な信頼は不信に変わり、根強い人間性への信頼は悲痛と憂愁に色どられる」、こうした現実を前にして、勝田は、人間の悪の根拠を突きとめることで、「失われた人間性への信頼を恢復《かいふく》しようとする希望」を確かなものにしようとした。「自己のうちに悪への材料をもちながらもたない者は善に対しても無能である」というシェリングの言葉を手がかりにして、「非人間性はわれわれの中にある。非人間性の肯定とそれとの戦いの中においてのみ人間性は己を実現するであろう」と述べ、こうした認識にたって「われわれは社会の再生の苦業に出発しなくてはならぬ」とした。「それは絶望を教えはしないが、少なくともかぎりない忍耐を教えるであろう」。四七年後半以降、人間性への究極の信頼を教育的価値にすえる覚悟を決め、勝田は社会科教育の課題を深める仕事に入っていく。

シェリング哲学は、いま、絶えない民族紛争をはじめ、科学技術知の乱用や心を震撼《しんかん》させる犯罪の横行など、蔓延する悪の現象をその根本から考え直す哲学的手がかりを得たいからだという理由で注目を集めている。（渡邊・山口編『モデルネの翳《かげ》り』晃洋書房、一九九九年、など）。シェリングに学ぶ勝田の公民教育構想（道徳教育論でもある）は、きっと、現代の道徳教育を考える人々に深い示唆を与えるに違いない。

勝田が社会科を構想していく上で、日本の現実に生きる人間と人間性に対するきびしい批判的考察を行い、その検討の意義を主張していたことが分かる。貝塚がいう道徳と社会認識の結合は成功していないという結論は、あまりに乱暴ではなかろうか。

第４節　人権を攻撃し道徳教育を説く人々
――社会認識とモラルの結合を考える

日本教育再生機構の八木秀次は、『反「人権」宣言』のなかで、人権＝エゴイズム、利己的人間＝人権、と説く。保守派の論客佐伯啓思は、「人権＝自由を至上とする価値は、社会規範を破壊する」（『倫理としてのナショナリズム』ＮＴＴ出版、二〇〇五年）と主張する。ともに、人権思想を敵視しながら道徳の復権をいう。

「法を自由に媒介させる能力を人間のうちに信じるかどうか」。近代人権の思想と教育原理はここに全運命を懸けられている。一九三〇年代における吉野源三郎（『君たちはどう生きるか』一九三七年）と戸坂潤（『道徳の観念』の中の「自己一身上の問題」一九三六年）に、あるいは、一九五〇年代の教育学者勝田守一の道徳教育論に、人権と道徳のあり方を問う危機の時代のすぐれた遺産を見いだすことができる。人権と道徳の関係性を本節では考えてみたい。

１　人権教育と道徳教育

神奈川県小田原市にある旭丘高校の生徒会が「学費問題へのとりくみ」を行ったことがあった（堀内文兵「旭丘高校のとりくみ」、『教育』二〇〇九年八月号）。同校の生徒たちは、学費未納の仲間が多数いることを知り、「どんな思いで生活しているのだろう」「悩んだり苦しんだりしているだろう」と考えはじめ、「学費の問題は自己責任ではありません、学ぶ権利を保障してください」という長文の要請文を書きあげ、文科相と財務相に送っている。子どもの権利条約や国際人権規約、憲法の人権学習を積んだ生徒たち。その彼らは、次のように述べている。

「この私学助成署名運動に参加する活動は、私たちが自主性と社会性を身につけ、社会の一員としての道徳を身に付けて自立していくための大切な活動なので、後輩たちにもしっかり引き継いでいきたいと考えています」。

私は、人権学習を積んだ彼らが、「道徳を身に付けて自立する」と書いたことに注目したい。ここには、人権学習が道徳性の発達を促すという、ある成長の必然性が示されている、と思えてならない。要請文からもわかるように、この生徒たちは、中学時代に不登校であったり、いじめをうけてだれも信じられなかったという深い心の傷をもち、それを他の子どもたちに表明し受けとめられてきたという事実を踏んでいる。この点も重視したい。旭丘高校の実践は、やはり、人権教育と道徳教育の深いつながりを考えさせずにはおかない。

2 「人権教育」を攻撃し「道徳教育」を説く人びと

人権教育と道徳教育の関連を考える場合、人権教育を批判攻撃し、伝統的な道徳教育を説く、あるいは復活させると主張する人々の存在を考えなければならない。こうした主張には、きびしく対処しなければならないだろう。

第一次安倍晋三内閣時（二〇〇六～二〇〇七年）、「美しい国、日本」の「教育再生」を後押しした日本教育再生機構理事長の八木秀次に、『反「人権」宣言』（ちくま新書、二〇〇一年）という本がある。書名の通り、人権を敵対視して攻撃し、歴史・伝統を尊重する「道徳教育」を強調する本である。「人権教育」の批判と否定であり、それに代わる「道徳教育」の主張である。

八木にとって人権は、「正しさ」と「正義」を力でもって勝ちとる〝闘争の論理〟を前提とする概念であった。「制約の原理」を持たず、自己の正しさや利益を何によっても制約されないで、力ずくでもぎ取る論理であった。「人権教育」は、子どもたちの未熟な情欲を駆り立て、その解放をもってよしとするメッセージであった。したがって、そうした教育を受けた子どもは、ごくわずかな規制にも耐えられず、すぐに逆上して「キレ」てしまう、ひ弱な子どもをつくり出すという。八木の主張によれば、「人権教育」こそ教育荒廃の原因である。人権が無軌道な子どもをつくり出す、人権が家族の絆を脅かす、人権が女性を不幸にする……。人権＝エゴイズム、利己的人間＝人権、という等式を掲げる彼は、「伝統的な道徳」の復活を声高に主張する。

八木は、教育荒廃の原因は人権教育であるとする。原因はイデオロギーの方にあるとする主張だが、現実の社会経済危機＝新自由主義による社会秩序の崩壊現状をまともに見据えていない点で、大きな問題があることはいうまでもない。

「教育再生」を支持した保守派の論者に、ほかに佐伯啓思がいる（『倫理としてのナショナリズム』）。佐伯は、経済のグローバル再編（市場至上主義経済）がもたらす社会の解体的危機を論じており、この点では八木とは異なるが、人権思想を批判する点では同じである。

佐伯のナショナリズム論の詳しい説明はしないが、彼のグローバリズム克服の展望は、「倫理を体現する国家ナショナリズム」によって果たすということであった。ここで問題にしたいのは、人権を倫理（モラル）に対立させて批判する彼の手法である。

「自由を至上の価値と見なす近代のイデオロギーの問題がある。」「この自由の観念が自動的な運動を始めてしまうと、個人の欲望や個性なるものは、国家や宗教による強制だけでなく、社会的エートスに支えられた社会規範や社会秩序をも障害と見なすことになる」。「人権＝自由を至上とする価値は、社会規範を破壊する」。これが佐伯の図式であった。

八木も佐伯も、ともに人権思想・人権教育を批判し敵視する。戦後の保守派の論調は、おおむね、社会の荒廃の原因を人権思想に求め、道徳の復活を主張する点で共通である。

モラルが人権の思想と結びつかないとはどういうことだろうか。「法を自由に媒介させる能力を人間のうちに信じるかどうかという一点に近代的政治原理は全運命を賭けられていた」（丸山眞男）。人間は法を自由に媒介させることができる理性的で道徳的な存在である（ジョン・ロック）という近代人権思想を信じず、人間とその能力を見下す。これが八木と佐伯の人間観であろう。この考え方には、与《くみ》することはできない。

人権教育を敵対視する道徳教育は批判されなければならない。しかし、人権思想を支える人間観とモラルとはいったいどのようなものであるのか。その探求の課題は、別に存在するのではないだろうか。八木、佐伯を批判して済ませるだけではなく、彼らの反人権的「道徳」の提起に代わる、私たちの「人権と道徳」の思想が提示されなければならないだろう。

3　一九三〇年代の道徳論

現代は人権と道徳のあり方を問う危機の時代であるとするならば、危機の時代と呼ぶにふさわしい時期における人間の思索に学ぶ必要がある。一九三〇年代の道徳論に触れたい。

吉野源三郎の『君たちはどう生きるか』（初版は新潮社、一九三七年。引用は岩波文庫、一九八二年より）は、中学生の「コペル君」に「叔父さん」が日常の出来事を通して語る「人間のモラル」の書である。丸山眞男は、「解説」で、本書の特徴を次のようにとらえている。

「この一九三〇年代末の書物に展開されているのは、人生いかに生くべきか、という倫理だけでなくて、社会科学的認識とは何かという問題であり、むしろそうした社会認識の問題ときりはなせないかたちで、人間のモラルが問われている点に、そのユニークさがあるように思われます」。

日常何げなく見ている平凡な事柄を手がかりにして思索を押しすすめ、「人間分子の法則」や「網目の法則」と命名するコペル君の法則の発見は、「生産関係」の説明として、実質的な資本論入門であると丸山は言っている。そして、リンチ事件を扱ったところをとらえ、「そうした心の傷つき自体が人間の尊厳の楯の反面をなしている、という、いってみれば精神の弁証法を説くことによって、何とも頼りなく弱々しい自我にも限りない慰めと励ましを与えてくれます」と述べる。「網目の法則」（社会科学的認識）と「モラルの問題」が結びついた「この作品の立体的な構成」を指摘していた。日中戦争が勃発したこの一九三七年、吉野は、人間のモラルの問題を社会科学的認識と切り離せないかたちで書かねばならないと考えた。

もう一人、日本ファシズムに真正面から対峙した戸坂潤の道徳論について述べよう。戸坂は、一九三七年末に執筆禁止にあい、その後、検挙・投獄、そして獄死（一九四五年八月九日）となる。執筆禁止直前に、「科学的精神とは何か」（三月）、「再び科学的精神について」（八月）を書いた戸坂は、当時の教育政策と科学・技術政策における教学的精神を批判し、「科学的精神は尤も日本的現実を、いきなり日本文化や日本人精神として摑みはしない」「日本的現実は正に、日本の社会機構・生産機構を通して政治的に動いているのだ」と述べ、教学的精神は「相手の関心を専ら道徳という框《かまち》に追い込む」とした（『戸坂潤全集　第一巻』勁草書房、一九六六年）。このように述べる戸坂であるが、けっして道徳そのものを否定していたわけでも、軽視していたのでもない。むしろ、道徳は探求されなければならない真理だといっていた。「道徳の観念」（一九三六年、引用は『認識論』青木文庫、一九七四年より）がそれだ。

道徳に関する社会科学的認識から文学的認識への発展を説く（あるいは両者の統一を試みる）戸坂は、

ここで重要な問題を提起する。彼は、社会の問題を「自己一身上の問題」としてとらえなければならないという。自己一身上の問題として社会の問題をとらえる時、その時、人間の認識はモラルまで飛躍するというのだ。すなわち「モラルは自己一身上の問題であった」。

「科学的概念が文学的表象にまで拡大飛躍することは、……この科学的概念がモーラライズされ道徳化されヒューマナイズされることだ。この概念が一身化され自分というものの身につき、感能化され感覚化されることだ」「真に文学的なモラルは、科学的概念による認識から、特に社会科学的認識から、まず第一に出発しなければならない。この認識を自分の一身上の問題にまで飛躍させえたならば、その時はモラルが見出された時だ。」

問題の社会科学的認識が自己一身上の問題にまで高められるとき、そこにモラルが形成されるという。戸坂は、社会科学的認識はモラルまで高められなければならないとし、その要件こそ「自己一身上の問題」把握であると考えた。こうしなければ、迫りくる時代の危機に向き合えないと。では、なぜ戸坂はこの時期、道徳問題にこだわったのか。

戸坂を解説する橋川文三は、日本の多くのマルクス主義者たちが、「民族的なるもの」や「日本的なるもの」に虚をつかれ、「人間のモラルの様式」にかかわる問題状況の提起にもろくも足をさらわれ、滔々と転向をとげたという事実を述べ、そうした事実を思えば、戸坂こそ当時の問題状況の核心に、すなわち考えなければならない事柄の本質に真に向きあったのではないのか、と述べている（「解説」『戸坂潤全集　第四巻』勁草書房、一九六六年）。思想の転向問題の核心に「人間のモラルの様式」があるという提起は重大である。今日の人権と道徳の問題認識を考えるうえで、戸坂の思索は重要な鍵を握っているのではないか。

科学的精神（社会科学的認識）とともにモラルの形成を論じた一九三〇年代後半の二つの思索には、人権教育と道徳教育をともに考えなければならないという、あるメッセージが込められているように思えてならない。

4　社会科教育論から道徳教育論へ――勝田守一の場合

本節の最後に、勝田守一の道徳教育論を検討したい（『勝田守一著作集　四　人間形成と教育』国土社、一九七二年、所収論文）。勝田は道徳教育論を、一九六〇年を前後する時期に集中して書いている。一九五八年の「特設道徳」への批判的対応として書かれたものが多い。勝田の道徳教育に関する論点は多岐にわたるが、その核心的主張は「価値の自主的選択能力の形成」といわれるところであろう。

勝田は、「政府が道徳を国定という形で決めてそれを国民に押しつけることがはたして民主主義的原則から許されるか」（「道徳とはなにか、どのように形成されるのか」一九六〇年）と述べ、特設道徳を批判し、道徳教育は生活指導を含めた全教育活動を通して行われるべきであると述べ、「自主的判断の能力を育てる」ことを基本とすべきとした。

「対立する価値の比較や選択が自主的に行われるというところに、道徳が成立する」「価値ある行為が、道徳的行為として成立するのは、それが自主的行為であることによってなのだ」（「公教育における道徳教育の問題」一九五八年）。

道徳を成り立たせる基本的なものは、矛盾し対立して存在する価値を自己の責任において選択することだという。だからこそ、勝田は、人間の尊さにたいする深い感情が、知的思考によって磨き出されていない社会の性格をきびしく問い続けた（「知性の訓練と道徳教育」一九六一年）。勝田の主張の核心はここにある。勝田は、なぜ、自主的行為の存在如何をこれほどまでに強調したのだろうか。

それは、勝田が一九五〇年代半ばまで精力的にとりくんできた社会科教育（平和教育を含んで）について行った自己批判と関係しているように思われる。勝田は、道徳教育に関心を示し始めるころ、そして、社会科教育をその後、積極的には語らなくなる一九五四年という年に、自らの理論的活動をきびしく批判する論文を書いている。

勝田は、上からできあがった社会科によって、私たちは、戦前の地理や国史や修身（国民道徳）への対決をなおざりにしてきたのではないのかと、きびしく批判する。自分の問題を素通りさせ、肩すかしをし、自分の胸を痛めつけるところから始めなければならなかった社会認識の課題を避けたとした。そのまちがいは、社会科がいったい子どもたちの運命や子どもの欲求とどう関係しているのか、それを考えさせる機会を失わせたことになったとした。

こうして勝田は、「子どもの生存やそこに根ざす要求を真直ぐに受け入れて行くことからはじまらないで、どこに人権の教育があるのでしょうか」と論じ、「もし社会科が、ほんとうに、人権の尊重や合理主義をつらぬこうとすれば、……、子どもの切実な経験をリアルにとりあげなくてはならない」、そうしなければ「平和教育が浮いてしまう！」ことになるだろうとした（「教育九年の果実――人間の権利としての平和」、『平和』一九五四年九月）。道徳教育の重要性の自覚である。

また、こうもいう。今日の平和教育論は、上からの理論を「具体化」するという発想の仕方をぬけきらないという。そうではなく、憲法や教育基本法の理念を「富士山のざらざらした斜面にとりつくような仕方で」子どもや親の生活現実に生かしてゆかなければならないとする。学校教育は「せっかちなイデオロギー教育でもなければ、戦争反対をことばでくりかえす教育でもない。もっとふかいところで、子どもたちの性格と成長にふれてゆくものであろう」とした（「平和教育の考え方について」『教育』一九五四年五月）。

人権の教育は、平和の教育は、子どもの切実な経験をリアルにとりあげ、子どもの性格と成長にふれてゆくものでなければならない、と述べた勝田の批判は重い。

勝田が、価値の自主的選択の能力を強調し、価値形成と客観的認識の関係をもとめる道徳教育を深めなければならないと考えた背景には、おそらくこうした理論的な問題の所在の発見（自己批判）があったからではなかったか。特設道徳という情勢への対応ばかりではない、道徳教育への理論的関心の胚胎である。勝田理論のなかにも、人権教育を道徳教育と結びつけて考えてみなければならない、という課題が隠されているように思われるのである。

反人権の道徳教育を力説する教育再生機構の人々を真に批判する理論的な手がかりがここに示されている。

第5節 「徳育の教科化」と倫理的想像力

――教育再生会議第二次報告（二〇〇七年）批判

二〇〇六年九月に安倍晋三第一次政権が発足し、一二月に改正教育基本法が成立。二〇〇七年四月には全国学力テストが四三年ぶりに実施された。一方、五月には憲法改正のための国民投票法が成立し、七月の参議院選で自民党は大敗、民主党が圧勝し、参院の第一党になった。九月には安倍首相は退陣し、福田康夫内閣が発足する。同月「集団自決」を軍が強制したとの教科書記述の削除をめぐり、沖縄で一一万人の県民集会が開かれた。

本節では教育再生会議における「道徳の教科化」提言の政治思想的背景を探ってみる。日本経済団体連合会の『希望の国、日本』（二〇〇七年）における「憲法改正」と「公徳心の涵養」の主張に、道徳の教科化に対する政治的基盤があるのではないだろうか。安倍首相と御手洗《みたらい》冨士男経団連会長の意気投合した対談を検討してみよう（『月刊・経済 Trend』二〇〇七年一月）。

また、高等学校歴史教科書検定で、沖縄戦集団自決に軍が関与した記述を削除させる国家の修正指示こそ、安倍内閣の歴史観がよく現れていた。沖縄への倫理的想像力の形成こそ、道徳の教科化に対抗する真の力ではないかと考える。

1　なぜ、「徳育の教科化」なのか

注目される保守層内部からの批判

二〇〇七年六月一日に発表された教育再生会議の第二次報告は、道徳教育を「徳育」として教科に格上げするよう求めた。現在の道徳の時間よりも指導内容、教材を充実させるとする。教員免許は設けず、点数での評価はしない「新たな教科」であるという。徳育の教科化は、高校における奉仕活動の必修化や、家庭と学校、地域・地方自治体・国の協力による徳育の推進とセットになっている。たしかに道徳教育は重要な課題であり、私たちのこの点での真剣な検討がいま求められている。

しかし、この第二次報告の提言は、国が人の生き方や価値を一義的に決めてよいという考えにたったものであり、重大な問題があると言わざるをえない。また同時に、マスコミ各紙が批評し、「母乳による育児」などを提言しようとした「親学」の緊急アピールが見送りになったことに見られるように、第二次報告は、各委員の思いつきによる提言という特徴が強くある。国民には理解が得られないと批判があれば、あっさり引っ込められてしまう類のものでもあった。

それだけに教育再生会議には、保守層内部からも批判があがっている。たとえば教育情報誌『内外教育』の時評「ラウンジ欄」のコメント。この間、「ラウンジ」子は、一連の「日の丸」「君が代」訴訟について、原告敗訴の判例を、たとえば最高裁判決（二〇〇七年二月二日付）を「論理は極めて自然」（同三月一六日）などと評価し、教基法「改正」を支持する論説を掲げる経緯があり、その点からみても教育再生会議への「批判」は特筆されてよいと思う。

この「ラウンジ」子は、「最も気になるのは、報告書全体に現在の学校不信、教員バッシングをあおるようなニュアンスが漂っていることだ」（同二月二日）、「首相の提唱する『美しい国』の一つが道徳の教科化なのかと思うと、正直なところやはりため息が出た」（同四月一〇日）、「（第二次報告について）思いつきの羅列という感じが強く、個別の政策提言も整合性に欠ける」（同六月一二日）などと批判し、教育再生会議の「迅速な審議」は「拙速な審議」でしかなかったとする。

河野太郎、後藤田正純ほか自民党衆議院議員六名（マネジメントの観点による教育再生研究会）の教育再生会議批判も注目できる。河野氏らは、専門外の委員による言いっ放しと深まらない議論と特徴づけ、原因追及の軽視があり、学力がなぜ低下したのか、規範意識はいつと比較して低下したのかなど、信頼できるデータに頼って議論したあとがない、と痛烈に教育再生会議を批判した（「教育改革の改革を」『世界』二〇〇七年六月号）。

さすがにこの批判はこたえたのか、第二次報告では、資料にあえて「関連データ」を載せている。しかし、授業時間数の国際比較を載せてみたものの、これがどう学力の低下と相関するのか、肝心の説明がない（できない）。道徳の実施時間数を載せているが、それがなぜ、徳育の教科化の根拠となるのか、その理由づけも書かれていない。これでは「教育時事放談」の汚名は返上できない。

単純化されたわかりやすいインパクトのある提言は、国民に受け入れられやすいという首相官邸の判断があるからなのか。教室の秩序を乱す問題児やいじめっ子に対処するためには「徳育の教科化」が必要であるとの提言を行う。これは素人目にはわかりやすい対応策かも知れない。しかし、教育の条理と現場の検証を欠いた根拠のない改革案でしかなさそうだ。不信をあおって国家のしめつけを強化する。この問題点は、どうしても知らせていく必要がある。

「希望の国」に見るその目的

もちろん、この提言は国民の受けだけをねらっているわけではなく、厳然とした目的が存在する。実は、それを知る手がかりが、日本経済団体連合会が二〇〇七年一月に刊行した『希望の国、日本』（以下「希望の国」）である。

安倍首相は、その年の新春、御手洗冨士夫日本経団連会長と対談し、二人は意気投合し、「美しい国」と「希望の国」はベクトルが合っていると認め、それぞれの実現を誓いあっている（『月刊・経済Ｔｒｅｎｄ』二〇〇七年一月号）。

「希望の国」で御手洗氏は、自身の二三年におよぶ米国在住で、一九八一年のレーガン大統領（在任は一九八一～八九年）の登場が最も印象深いと述べ、レーガンの「強いアメリカの復興」のメッセージは「暗闇に射し込む一条の光だった」とし、レーガノミックス（軍事外交以外の小さな政府と福祉・教育・医療への市場原理の導入という新自由主義政策）へ絶大な評価をあたえている。つまり「希望の国」は、これまでにもまして経済成長を重視する新自由主義礼賛のビジョンであった。

この政策方向の優先課題の一つとして提示されているのが、「教育を再生し、社会の絆を固くする」という点である。つまり、構造「改革」で露呈した社会の分裂を取り繕う方策として、教育再生などを掲げている。ここにいう教育再生とは「公徳心の涵養《かんよう》」のことであり、さらに、社会の絆を固くする課題が「憲法改正」とされる。公徳心の涵養と憲法改正（九条改悪）が一つながりになって語られている。

「学校や家庭での教育を通じ、歴史的に形成されてきた国民、国土、伝統、文化からなる共同体としての日本を愛する心と、その一員としての誇りと責任感を培っていくことが求められる」。「新しい教育基本法の理念に基づき、日本の伝統や文化、歴史に関する教育を充実し、国を愛する心や国旗国歌を大切に思う気持ちを育」んでいく――その延長上に、憲法「改正」の課題が置かれている。「戦力不保持を謳った同条（9条）第2項を見直し、憲法上、自衛隊の保持を明確に」し、「自衛隊が主体的な国際貢献をできることを明示するとともに、国益の確保や国際平和の安定のために集団的自衛権を行使できることを明らかにする」という。日米同盟を安全保障の基軸として堅持しつつ、アメリカと一体となって「戦争をする国家」づくりをすすめようというわけである。

「『希望の国』は、安倍総理の理想とされているところとベクトルが合っている」（御手洗）。そうであるとするならば、教育再生会議もまた「希望の国」とめざすところは同じといえる。ここからは、「徳育の教科化」のその思想的根っこが「希望の国」（＝公徳心の涵養）であると考えることはそう困難ではない。いっそうの新自由主義「改革」と戦争のできる国家への踏み出しに「徳育の教科化」はつながっている。私たちはこれを容認することはできないであろう。

改憲構想とセットになって提言

日本経団連が憲法「改正」と「公徳心の涵養」を一つながりで述べるのは、何も「希望の国」にはじまったことではない。二〇〇五年一月一八日に、「これからの教育の方向性に関する提言」と「わが国の基本問題を考える」という二つの提言が同時に発表されている。

「わが国の基本問題を考える」は、よく知られるように日本経団連が、満を持して打ち出した改憲構想である（渡辺治著『安倍政権論』旬報社、二〇〇七年、参照）。そこでは、改憲のポイントを、九条「改正」と九六条の憲法改正手続きの緩和に絞っている。この提言では、「国家と個人」の関係に、「自由と平和」について独自な読み替えを行い、「自由と平和」を守っていくためには、それぞれの個人が国家に貢献し、強い責任を国家にたいしてもたなければいけないという個人観を示している。同時に、「個人は、国家に頼ることなく自らの個性や能力を自由に発揮するとともに、社会や他者に対する責任や義務を全うする」としている。

そして、自衛隊について、「その役割は、過去の『存在する自衛隊』から、侵略からの防衛、テロなどの新たな脅威への対処、災害派遣に加え、国際的な平和協力へも拡大し、国民の安心・安全の確保と国際貢献のために幅広く『機能する自衛隊』へと大きな変革を遂げつつある」として、それに見合う憲法の改正が必要であると提言している。

一方、「これからの教育の方向性に関する提言」は、財界を代表する教育基本法「改正」論として、大きな影響を与えた。同提言は、今後の教育は「21世紀の国際競争を勝ち抜き、国際社会に貢献していくこと」を目的にしなければならず、「多様性と競争と評価」を基本に大胆な改革を実施するとともに、「伝統、文化、歴史を教えることを通じて、国や郷土を誇り、諸外国の人々にとっても魅力のある国をつくろうとする気持ちを育むことを盛り込むべき」、「公共の精神」すなわち「社会の構成員としての責任と義務を教えることを追記すべき」などを提言している。財界を代表する発言として、国会審議への強力な圧力となったと思われる。この二つの提言が、今日の「徳育の教科化」の底流として存在していたといえる。

2　新保守主義の矛盾と妥協

このように財界が求めるアメリカと一体となった世界戦略のための愛国心・ナショナリズムと、安倍首相の愛国心・ナショナリズムは、ほとんど矛盾がない。言い換えれば、安倍首相の思想には、財界の要望・愛国心に素直に応える、つまり新自由主義に親和的である点に特徴がある。

ところが安倍首相を支える保守主義派とよばれる勢力は、必ずしも一様というわけではない。安倍首相は、新自由主義と保守主義を、ほとんど悩みや葛藤もなく接合させてしまうが、そこにはかなり明白な対立があって、新保守主義陣営も、決して一枚岩になれない矛盾・対立がある。そこで次に、日本における代表的な保守主義のイデオローグを通して、教育再生会議がいう「道徳」とは、どのようなものか、そして、その主張が内包する矛盾を考えたいと思う。

新自由主義に親和的な八木氏の主張

まず、最初に検討したいのが八木秀次・高崎経済大学教授の主張である。八木氏は、安倍内閣発足とほぼ同時期の二〇〇六年一〇月に立ち上げられた民間団体・日本教育再生機構の理事長で、これまでも「新しい歴史教科書をつくる会」の会長なども歴任してきた人物であった。八木氏は、安倍首相の歴史認識では、当初掲げたタカ派的な主張を貫けと叱咤激励してきた人物としても知られている。再生機構は、いわゆる「靖国」派の大がかりなネットワークとしてつくられ、教育再生会議の外側から、その議論に影響を与えている（『前衛』二〇〇七年七月号、藤森毅「〝靖国〟派の支配としての安倍『教育再生』」参照）。その八木氏が、安倍教育再生プロジェクトへの応援団として、『公教育再生』（ＰＨＰ研究所、二〇〇七年）という本を出した。

「靖国」派と目される八木氏の、その教育論の特徴は、第一に、いじめや規範意識の欠如などの問題の原因を、戦後の教育の帰結だと断定している点にある。戦後の教育は、道徳教育を軽視し、「自由」「個性」ばかりが重んじられ、規範意識を身につけさせてこなかったとし、その結果、親殺し、子殺しをはじめとする犯罪が相次ぎ、ニート、フリーターの増大が社会問題化し、学力の低下などを引き起こしたという。八木氏は、「怪しげな教育思想として、子ども中心主義教育や、唯物史観・自虐史観、ジェンダーフリー・過激な性教育の解放思想」が問題だと主張する。

この主張は、なによりも問題の社会的発見がないということに特徴がある。これらの問題はいずれも社会問題という側面が大きいが、そうした原因追究はほとんど見られない。小泉・安倍の構造改革路線の検証、新自由主義政策による格差拡大や社会秩序の崩壊という点の検討がすっぽり欠落している。すべて原因は、戦後の教育の問題にされてしまう。

第二に、アメリカのレーガン政権、イギリスのサッチャー政権への高い評価である。サッチャー首相の教育政策を、子どもの「品質」を高める政策、「品質保証国家」構築と評価し、イギリスは国民の品質を政府が保証する国家に転じ、国民は活力を取り戻し、経済も再生したとする。学力テストの実施によって教師の健全な競争意識と使命感を持たせたとも評する。またレーガンに対しては、「学力低下は国家の危機」と訴え、教室に祈りと聖書を取り戻し、基礎学力を充実させるべく、過去の文化・文明を正確に継承する古き良き学校の再建を行ったというわけである。

八木氏のレーガン、サッチャーへの注目は、市場原理に基づく教育改革による「国家の危機」の乗り越えという点にあった。明白なのは、市場原理・競争原理には批判的な言辞はまったくないという点である。

そして第三に、伝統文化の継承、愛国心の涵養、道徳の教科化など規範意識の形成や、生徒指導のゼロ・トレランスの導入など徹底した管理強化を主張する一方で、国際競争を勝ち抜く競争原理の徹底した導入を支持する点である。グローバリゼーションの荒波を乗り越える強い日本人の育成、つまり彼らなりの理屈で〝「知は力」「知は国力なり」〟の実践の貫徹を主張している。

こうしてみれば、八木氏の主張は、ほぼ『美しい国へ』（文春新書、二〇〇六年）の安倍首相の思想に重なり、安倍内閣の誕生とほぼ一緒に発足した日本教育再生機構の理事長に押される理由がよくわかる。私が、この『公教育再生』を読んでいて、いちばんに気になるのは、八木氏の議論には、学者らしい新自由主義政策への批判的検討がないことである。道徳性は教え込むことが可能だという、教育学の常識を持たない荒々しい主張と、富への「成功」か「失敗」という、どぎつい市場倫理に生きる価値観への無批判・肯定ばかりが目立つことである。そこには、人間性への深い洞察の放棄があるように思えてならない。

佐伯氏に見る国民観、道徳観

しかし安倍首相を支える基盤は、必ずしも八木氏のような新自由主義に親和的な保守主義者ばかりではない。むしろ、その支持基盤には伝統的な保守主義者を内包していることが特徴でもある。そこで、とりあげたいのが佐伯啓思・京都大学教授の議論である。

「教育基本法の改悪をとめよう！　全国連絡会」の呼びかけ人の一人でもあった大内裕和・松山大学教授が、編集した『リーディングス　日本の教育と社会　第五巻　愛国心と教育』（日本図書センター、二〇〇七年）では、ネオ・ナショナリズムの代表的論者として、坂本多加雄、松本健一氏とともに「つくる会」の『新しい公民教科書』旧版執筆者でもあった佐伯啓思氏の著作を挙げている。同書では、佐伯氏の著書『「市民」とは誰か』（ＰＨＰ新書、一九九七年）の一章「『祖国のために死ぬ』ということ」を取り出している。

佐伯氏の議論の特徴は、戦後民主主義は市民ではなく「私民」をつくりだし、道徳性の崩壊を招いたとし、ふたたび、徳・勇気・名誉といった倫理の回復を主張している点にある。注意したいのは、佐伯氏の議論には、グローバリゼーション批判・新自由主義経済批判が含まれていることである。氏が二〇〇五年に出版した『倫理としてのナショナリズム』（ＮＴＴ出版）では、「制御なき市場中心主義に歯止めをかけるもの、それは〈倫理への問いかけ〉である」と主張している。グローバリズムが席巻する「経済は、生存と生活の安定を確保する組織だった活動ではなく、諸個人の能力を試すゲームとなった」とし、経済は「創造的な破壊」を繰り返し、利潤追求だけに費やされて、「人はもっぱら利潤機会を追い、快楽計算に明け暮れればよい」という倫理観に支配されていくと批判する。この点は、先の八木氏とは大きく違う点であり、その違いを丁寧に区別しながら批判する必要がある。

その佐伯氏は「『祖国のために死ぬ』ということ」のなかで、祖国のために死ぬという心情は、戦後日本において突出して嫌悪感を持たれるようになったとする。国家にたいする義務を負わない国民は奇妙であり、侵略される可能性や非常時における国防をまったく論じない憲法は異常だと主張している。

佐伯氏は、さらにヨーロッパ思想史をふり返ったとき、「祖国のために死ぬ」ことは、「市民」の観念とは決して矛盾することなく、ここに西欧における「市民」の深い意味があるという。共同で都市や国家を防衛し、祖国のために死ぬことは、ある種の「徳」を要求し、またもたらすからだという。これが近代に受け継がれ、「シビック精神」を形成し、それは、あくまで公共的事項、国家的事項に対する義務の観念であり、勇気や名誉という古代的な美徳を重んじる国家観念と私的生活は対立しないとする。「市民＝シヴィル」を背後で支えている、この「市民＝シヴィック」の精神が見失われたとき、「市民」は「私民」という私の集団に転化する、これが佐伯氏の現在の日本の市民主義への批判の要点であり、愛国心を復権させる理由である。

私は、この佐伯氏の議論に、「希望の国」「美しい国」に表される、国家に貢献する国民という道徳を形づくる、現代の理論的根拠の一つをみることができると思っている。

では、佐伯氏の問題点は何か。日本で、「祖国のために死ぬ」ことを考える上で、欠かすことができない問題の一つは、靖国神社の役割であり、靖国の思想についてである。

靖国神社の歴史には、アジア諸民族への侵略性というものが刻まれている。たとえば、台湾先住民・高砂族について、靖国の歴史本には「台湾理蕃《りばん》」とあり、「正義の戦争」として、抵抗する「野蛮人」を「大日本帝国の文明」と「皇威」に浴させる、という正当化が述べられている（高橋哲哉著『国家と犠牲』ＮＨＫブックス、二〇〇五年）。戦前の日本における「祖国のために死ぬ」という思想には、アジア民族への蔑視と侵略主義が色濃く存在する。いったい、この蔑視と侵略思想が、どのように「美徳と公共性」の精神と折り合いをつけられるというのか。

西洋の思想はどうか。高橋氏の本は、カントロヴィッチの『祖国のために死ぬこと』（みすず書房、一九九三年）を紹介する。カントロヴィッチは、古代・中世の世界では、国家への自己犠牲という観念は、高貴で崇高な、まさに尊い意味をもっていたとしながらも、現代の大量殺戮の戦争にあっては、あるいはナチのホロコーストなどが出現する時代では、人間はもはや「犠牲」にされるのではなく、「消される」「清算される」ものにすぎないとする。市民の死は、「祖国のための」「神のための」といった高貴な意義を失って、たんに「消されていくもの」（機械的な大量死）になっている、と現在の戦争の意味（＝無意味さ）を指摘する。

こうした指摘を知れば、ヨーロッパ近代社会が、国家のために死ぬということを美徳・公共性の発揮とし、それをシビック精神ととらえる佐伯氏の説明には、大きな疑問が生じてこざるを得ない。

佐伯氏には「近代国家は人権の共同体である」という認識が欠如しており、人権を軽視・敵視し、人権と国家を対立させる根深い思想がある。佐伯氏には、歴史と人間の尊厳性に対するご都合主義的な解釈が見られるのではないか。

八木氏と佐伯氏は、日米同盟をめぐる認識の違いがあって、あきらかに新自由主義に対する考え方の対立がある。しかし、同時に、道徳をめぐる保守主義者の議論は、矛盾と妥協をはらみながら、戦後民主主義と基本的人権を敵視する共通の思想が存在するともいえるのではないか。

3　安倍内閣の歴史観と人間観――教科書検定「沖縄集団自決」問題より

大江氏の思想との対立点

新保守主義者の議論に、もう一つ特徴的なのが歴史観の問題である。次に二〇〇八年度用高等学校歴史教科書検定（二〇〇七年三月三〇日発表）の、沖縄戦「集団自決」における日本軍の関与（強制性）削除の問題をとりあげたい。第3章3・4節で検討するが、この問題には、安倍内閣の歴史観と同時に、国家が望む人間像というものがどういうものか、きわめて端的に示されている。人権思想に鋭く対立する彼らの人間観、道徳観をよく見ることができる。

この検定の根拠の一つにされたのが渡嘉敷《とかしき》島と座間味《ざまみ》島の事件について、二〇〇五年八月五日に、旧日本軍の梅澤裕《ゆたか》・元大佐と故・赤松嘉次《よしつぐ》・元大尉の弟が、岩波書店と大江健三郎氏を相手に大阪地裁に提訴したものであった。この裁判は、現在の「つくる会」の会長である藤岡信勝・拓殖大学教授らが支援している。なぜ彼らは、大江氏を被告にしたのか。この政治的色合いの濃い訴訟を教科書検定はなぜ利用したのか。訴訟の意図がどこにあるか。推測するしかないが、訴訟や検定の当事者が、大江氏が『沖縄ノート』（岩波新書、一九七〇年）で書いた彼の思想――人間観と歴史観と大きく対立していることは、間違いない。そこで、この点を検討してみたい。

大江氏は、なぜ『沖縄ノート』を書いたのか。そこには、二つの問いがあったと思う。一つは、沖縄の人々は、大江氏を、つまり大江氏につながる日本人をどのようにとらえていたのか。もう一つは、日本人は沖縄をどうとらえていたのか、今後、どのように考えなければならないか。この二つの問いをかいくぐって、大江氏は、先に『ヒロシマ・ノート』（岩波新書、一九六五年）で見いだした人間的威厳の思想を、もう一度、発見しようとしたのではなかったのか。「日本人とはなにか、このような日本人ではないところの日本人へと自分をかえることはできないか」。大江氏は、沖縄を訪問しては、何度もこの問いと願いを繰り返していた。

『沖縄ノート』の圧巻の一つは、やはり、慶良間《けらま》列島の渡嘉敷島で集団自決を強制したと記憶される旧守備隊長が、つまり、この裁判の原告にかかわる者が、戦友ともども、渡嘉敷島の慰霊祭に出席すべく沖縄におもむこうとしたことに対する大江氏の記述の部分である。「おりがきたら、渡嘉敷島にわたりたい」。旧守備隊長のこの言葉は何を意味するのか。「渡嘉敷島の人々は、若い将校たる自分の集団自決の命令を受けいれるほどにおとなしく、穏やかな無抵抗の者だったではないか」。大江氏は、旧守備隊長のこの渡島は、再び、一九四五年の集団自決の再現が許されるのかどうかが試されている、ととらえる。この渡島を許すことは、戦後の日本人が、ふたたび四五年の集団自決をくり返しかねない意識構造をそのままにしていることの証明ではないのか、と。「およそ人間がなしうるものとも思えぬ決断」への悔恨と痛覚の欠落。そうした欠落を容認する多数の日本人。彼らから「にせの罪責感」を取り除く手続きのみを行い、彼らの倫理的想像力における「真の罪責感」の種子の自生をうながす努力を怠り、再び沖縄に渡島させてしまうこと。それは「大規模な国家犯罪」へとむかうあやまちの構造の再生産ではないのか。大江氏はこのように記述している。おそらくこの記述が、原告らとの最大の思想的対立点になるのだろうと思うのである。

「徳育の教科化」に対抗する倫理的な想像力を

『沖縄ノート』の二カ月前、大江氏は講演集『核時代の想像力』（新潮社、一九七〇年）を著している。三三歳の大江氏が広い主題を扱って、一年間、毎月講演した記録。本人は、「信じがたい冒険」といっているものだ。そこで大江氏は、想像力とは何か、倫理的想像力とは何かを問いかける。これらの記述は、教育と教育学を豊かにさせてくれる重要なヒントがいくつも隠されていると私は思う。

何にたいする想像力か。それは同時代における沖縄や朝鮮半島の人々であったり、人間の根源的なモラリティであったり、あるいは文明社会に生きるわれわれがもつ野蛮性や犯罪性であったりということだ。そして、核時代の社会は、そうした想像力を形成するようなものではなく、むしろ、想像力を鈍らせ、抹殺する方向にあると、大江氏は認識する。だから核時代の想像力は、それをも克服する想像力でなければならないと提起する。

たとえば、大江氏は、野蛮性を克服するために、日本人の精神構造について考察する。「自分を単純化しようとする志向」の存在を日本人に見いだす。「この前の戦争のとき、日本の知識人の大半がそういう方向に走っていった。みそぎなどというものをして自分たちがもっている批判とか、疑いとか、逡巡とかの気持ちとかをすっかり押し殺してひとつの大きい運動のなかに――それはすなわち戦争ということですが、自分自身を投じようとした。信頼にたる詩人とか作家たちのなかにも、戦争がはじまってやっとすっきりした気持ちになったということを日記に書いたり、新聞に発表したりした人たちがじつに多かった」。

自分の現在のあり方を否定しうるかもしれない考え方を捨てて、すっかり単純化してすっきりしてしまう。そして、いままた、過去への根源的な反省を行わず、また別の新しい方向にむかって単純化の走りを始めていないか、と述べている。『沖縄ノート』は、こうした大江氏の誠実な思索の積みかさねのうえに書かれたものであった。

大江氏は、沖縄を考えるとき、わが国の近代化の一〇〇年の、いちばん暗く、恥ずかしい部分に直面しないではいられないと述べ、恥ずかしいと考えつつコミュニケーションをひらいていかざるを得ないのではないかと述べている。あるいは、あらゆる政治問題や国家問題を考えるときその基本に置きたいものは、人間とはどういうふうに生きて働くものかというモラリティの感覚だともいっている。

人間の野蛮性にたいして、根源的な批判をどのように行うことができるのか。倫理的な想像力を頼りに、根源的な人間的なモラリティに依拠して国家と政治的なるものに批判的に向き合うこと、このことをおいてほかにこの道はないのではないか。自分の能力に信頼を置きながら、また、他者の想像力に期待を込めることでしか、それは果たし得ない。これが大江氏のよびかけである。これは、先にのべた基本的人権を敵視することと戦争責任に目をふさぐことに通底する新保守主義者の、さらには新自由主義者の人間観への根底的な批判となるのではないか。

人間の想像力、モラリティへの信頼。つまり道徳性を外から形成するのではなく、みずからのなかで形成し、他者もまたそのような存在であって、自分と共通する感覚をもちうるという信頼と期待――そういう人間観こそ、「徳育の教科化」に横たわる人間観に対抗できるものだと思う。大江氏の問いかけを引き受けながら、私たちは、そういった人間観を鍛えて、それにもとづいた教育と人間形成につとめたいと考える。

第3章　「誇示」する教科書の社会的背景

――人間観と教育観を中心に

第1節　戦略的な生き方と歴史認識
――「つくる会」のパワー・ポリティックス観批判

子どもたちは、いま、暴力と権力の支配に貫かれたミクロ・ポリティックスの世界に生きているのではないのか。いじめと成績評価の目に晒されながら、戦略的な生き方を強いられている。「つくる会」は、教室におけるいじめと暴力の空間を戦略論的空間と位置づけ、そこを生き抜くために戦略論的近現代政治史（パワー・ポリティックス）が必要であるとした。しかし、その子ども観は、戦略的に利益を追求する計算高い人間を形成する教育観であり、けっして暴力といじめに向き合う倫理性（モラルと人権感覚）の形成へと向かう教育実践を創造することはできないだろう。

1　「暴力の文化」に投げ込まれる子どもたち――戦略論的な生き方の理由

藤岡信勝が言う、「子どもたちは戦略論的環境のなかに生きている」はウソではない。問題は、それをどのようにとらえるか、である。ここでは、もう一度、子どもたちの戦略論的環境という現実をみておこう。

精力的にこの問題を論じてきたのは佐貫浩であった（「教室の暴力の文化と平和の文化――教育における平和の文化を構想する」『環境と平和』民主教育研究所年報第二号、二〇〇一年。「『暴力の戦略』から『平和の戦略』へ」『暴力の文化を超えて平和の文化へ――平和のための教育実践の構想』民主教育研究所、平和・人権・国際理解委員会研究論考集一、二〇〇三年）。

子どもたちは、教室内や仲間の間で振るわれる暴力に、どう対処するか、どう避けるか、に苦悩する。暴力にたいする同調や沈黙などが、「戦略」として選びとられる。子どもたちは、安全に生きのびるための行動と方法を懸命に選択しているのではないかという。

他者の暴力性を触発しないために、他者の気分に同調を繰り返し、他者にとって異質な自己の表出は極端に抑えられる。自己の表出の断念（無念）。自己のなかに居座る抑圧する他者の存在と、それに屈服している自分に気づく（惨めさ）。

戦略的生き方は、こうして孤立と孤独感を生み、ストレスと不安感を増大させていく。孤立への恐れはやがて他者への攻撃性へと転化する。暴力から対抗暴力へ、暴力の悪循環・再生産が生じる。

暴力の戦略に追いやられる子どもたちにとって、「平和」は建て前だけの世界に通用する言葉となる。子どもたちは平和を信用できない。平和は魅力や希望を与える言葉として受けとめられることを難しくしている。

たとえば、今泉博は、担当した小学六年生の子どもたちを次のように表現した。

学級に「暴力・いじめ」があると、子どもたちは自分の思いや考えを素直に出せなくなってしまう。これ以上暴力を受けたりいじめられたりすることを避けようとするからである。ひたすら友だちに合わせようとする。
学級全体で話し合う必要があった。ところが静かに話し合いできる状況ではまったくなかった。たとえ誰かがこれまでの「いじめ」「暴力」などの事実を語ったとしても、周りの子たちによって、つぶされてしまうことは目に見えていた。話し合いをなんとかしたい。しかし話し合いが成立するような状況ではない。その矛盾を実践的にどう解決していくかが求められた（「表現によって教室像を転換する」『環境と平和』前掲書）、とした。
中学校教諭の横山基晴は、近未来の日米共同戦争を想定する子どもたちの討論から、次の意見を注視した。「敵が襲ってきても戦わない人は、何かあった時にどんな行動をするかわからないから容赦なく殺す」「日の丸のハチマキをまいてランボーみたいに武器を持ち、〝大和魂〟と言い、武器を乱射しながら突っ込んでいく」。こう書いた子どもは、ふだん非常におとなしい、同級生にからかわれても言い返せない生徒であるという（「子どもたちと現代の戦争」『歴史地理教育』二〇〇一年一二月）。
目良誠二郎は、海城中学・高等学校生徒三一四人のアンケート結果を示した（「一人に一人が『殺意』を抱く中高校生の現実と平和教育の課題」『環境と平和』前掲書）。
身近な人から理不尽な暴力を受けたことが……ない63％　ある37％
身近な人に暴力を振るったことが……ない69％　ある31％
身近な人に激しい憎悪・嫌悪を感じたことが……ない30％　ある70％
身近な人に殺意をもったことが……ない51％　ある49％
すべてが破滅すればよいと思ったことが……ない59％　ある41％

理不尽な暴力や侮辱を加えないと決意して……いる48％　いない52％
人を殺さないと決意して……いる62％　いない38％
子どもたちが「暴力の文化」に投げ込まれ、戦略論的な生き方を選ばざるを得ない実態が、以上の記述から想像できるだろう。

中西新太郎は、「暴力の文化」を現代日本社会一般に敷衍《ふえん》させて論じている。現代日本社会では、弱さを見せることは致命的なミスとなるような、日々のつきあいのなかに優勝劣敗をつねに具体化させてゆこうとする強迫的メカニズム（だれを劣位に置かせるかのゼロ・サム競争をめぐる葛藤《かっとう》の充満）がひそんでいる。その社会では、だれもが被害者という弱者へと貶《おとし》められぬよう自衛の努力を余儀なくされ、人権という理念は、弱者を特権化する横暴なしくみと認識され、凶悪な少年犯罪はその親も罰してしまえ（奴らを木に吊せ！）という野蛮で権威主義的な秩序要求が喝采される、というのだ（青少年暴力と現代日本社会」『教育』二〇〇〇年七月）。

佐貫や中西は、こうした暴力の文化こそ、右翼的で復古的なナショナリズムを呼び込む社会的心理的な基盤になるとする。

平和を切実に希求しながら、「平和」を信用できないという深刻な矛盾。ここに人間の尊厳（被害者の権利擁護など）や人権・民主主義・平和といった価値を教え伝える困難性がはっきり見える。

そのような課題に向きあわねばならない時に、「つくる会」の存在に無関心でいられない。「つくる会」こそ、子どもたちのミクロからマクロへの戦略論的環境をふまえて、人権や平和の価値を軽視・否定して、パワー・ポリティックスを自覚的に担いうる人間の形成を主張していたのだから。

以下、それを検討していきたい。

2 「普通の国」という現実主義の強調――坂本多加雄の歴史観を検討する

「出会いは私にとって運命的であった」。藤岡信勝は、坂本多加雄著『日本は自らの来歴を語りうるか』（筑摩書房、一九九四年）を読んだ感想をこう記す。「専門の政治思想史の研究と歴史や社会科学についての幅広い知見に裏打ちされて展開される」思考に魅了されたという。藤岡を魅了した坂本多加雄を検討しないわけにはいかない。坂本は、「つくる会」の創始者四人（西尾幹二、高橋史朗、藤岡、坂本）のうちの一人であった（『新しい歴史教科書を「つくる会」が問う日本のビジョン』扶桑社、二〇〇三年、参照）。

(1)「現実主義的見地」と「日本人の自画像の追求」

坂本は、『日本は自らの来歴を語りうるか』の「序にかえて」で、二つの課題をたてる。「日本が、いかに外交案件を現実主義的見地から解決してきたか」ということであり、それゆえに「日本人がどのように自画像の探求という課題に立ち向かったのか」ということ。そこに注目すべき発言が書かれている。以下のように。

「政治領域は、究極の手段としての暴力行使の可能性が潜在しているという意味で、本来的に危険に満ちた場なのであって、したがって、何らかの意味での自己犠牲の要素を孕む行為が要請される。」

政治＝暴力行使＝自己犠牲という図式である。坂本は、この自己犠牲のためにこそ「名誉の感覚」が必要になるとする。日本国憲法の前文にある「名誉ある地位」という言葉を持ち出してきて、国際社会におけるこの「名誉ある地位」とは何であり、その獲得のために日本は具体的にどのような努力を行ってきたのか、いまこそ、真剣な議論をする必要があるという。国際社会のなかで、およそ「政治」の主体として行動することが、どのような力量や心的態度を要請するのかが明らかにされねばならない、と。一九世紀半ば、弱小な小国として国際舞台に登場した日本は、今日以上にはるかに「危険」な環境のなかで、繊細なほどにこの「名誉」の感覚に敏感であったというのだ。

坂本は、この「名誉の感覚」からすれば、日本がこれまでとってきた平和へのコミットの仕方は大いに反省される必要があるとする。湾岸戦争以来の諸外国の日本にたいする対応は、平和の価値にコミットする「日本の特別の資格」に理解を示していない。およそ事由の如何を問わず武力行使を一切拒否するという考え方は、不可解なものと映っている。日本は経済的な大国であるという点を除いて、単なる「普通の国」に過ぎないと見なされている。日本人にとってのみ通用する平和の理想は、破棄されるべきだというのだ。

ここに藤岡との「運命的な出会い」が用意されていたのであった。では、日本人における名誉の感覚を坂本はいかに描き出したか。

（2）「文明の精神＝市場の原理」（福沢諭吉）

坂本は、新しい福沢諭吉像の形成を試みる。その核心は、福沢の「文明の精神」を「市場の論理」で読み替える、ということであった。

坂本は、福沢の文明という言葉に近代的価値を読み込みすぎるために、様々な誤解が生じたとし、福沢の文明については何よりも市場経済の論理を想定して理解すべきであると述べた。その社会観の核は、「小さな政府」と民間の経済活動の活発化にあり、こうした人間関係のなかで、それぞれの私人の利益が追求され、社会全体の富裕が招来され、福沢が「活発なる精神」と呼んだところの創意工夫に富んだ「企業者精神」が起きるということであった。市場の論理としての文明の精神が、国家の「富裕化」を可能にし、「一国の独立」という課題も究極的に達成されるという。

人々がそれぞれに私益を追求して個別に自由に行動しながら、なおそこに秩序が成立する。坂本は、古典的な経済的自由主義の教説を福沢に読み込む。そこに「企業者的な能動的精神」（特定の先入見に拘束されず、不確実な状況の機先を制して自らの企図の実現を図る）を見、「業績主義的な運営原理」を把握しようとした（前掲『日本は自らの来歴を語りうるか』。『市場・道徳・秩序』創文社、一九九一年。『近代日本精神史論』講談社、一九九六年）。

この新しい福沢像の形成には、明確な意図があった。それは新自由主義の礼賛であった。坂本は、一九八〇年代以降、かつての自由主義を復活させたF・ハイエクやM・フリードマンの言説が脚光を浴び、人々の自助と自立が強調され、福祉国家のあり方が批判に晒《さら》される時代がきたと述べる。平等を保障する制度が、かえって個人の自由や自発性を損なったとし、結果の平等ではなく機会の平等

（自由競争の思想）が再認識されていると主張する。福沢をそのような意図で読み込む必要があるという（『新しい福沢諭吉』講談社現代新書、一九九七年）。それは、結局、福沢からの近代的価値志向の著しい脱色であり、市場秩序形成能力への強引な直結であった。

「市場の原理」論が発見されれば、福沢における国民国家の秩序形成＝植民地国家論（「脱亜論」「皇室論」など）は、坂本にとって矛盾の対象として考慮される必要はなく、それに批判的な眼が向けられることはまったくない。坂本は、福沢は「万国公法」は表面を飾る「虚礼虚文」に過ぎず、現実の国際社会は「弱肉強食」の状態にあるとする認識を生涯変えることはなかったとする。国際社会を「商売と戦争の世の中」とし、「国のためには財を失ふのみならず、一命をも抛《なげう》つて惜むに足らず。是《これ》即《すなわ》ち報国の大儀なり」と主張し、「禽獣に接するに禽獣を以てするの法」「自ら圧制を行うは人間最上の愉快」「人生の獣勇」「今は生存競争の四字を以て立国の格言」などと述べる福沢の姿を強調する。そして、以下の福沢のことばを引用する。「其間には往々道理の区域を超えて、酷に評すれば獣類の争に等しきこともある可《べ》し。故に之を名づけて人生の獣勇と云う。誠に見苦しき次第なれども、今の文明の程度に於ては到底免かる可《べか》らずして、強いて自から恕《じょ》するの外なし」（『福翁百話』）。

国内以上に野蛮な段階にある国際社会への対応は、政治が顕著な役割を担わざるを得なく、官民一致して軍事力を中心とする国家の整備に向かい、「絶対の獣勇」を発揮すべきと述べる福沢に注目の眼を向けるよう促すのであった。

（3）「東亜新秩序＝モラリッシュ・エネルギー」（京都学派）

もう一つ、時代はくだるが、大東亜共栄圏構想を哲学的に擁護した京都学派の知識人（高坂正顕、高山岩男、西谷啓治、鈴木成高『世界史的立場と日本』中央公論新社、一九四三年）にたいする坂本の新しい読み込みに触れておこう。

戦争協力のこの哲学で、坂本が注目するところは、ヨーロッパを中心とする世界概念（ヨーロッパ以外の諸地域を服属させる「世界一元論」）ではなく、様々な「特殊的世界」の自立を前提にする「世界多元論」の主張にあった。東亜新秩序は、この特殊的世界を体現するものであり、日本の指導の下、アジア諸民族が有機的な関係を持つことになるというのが京都学派の説明であった。坂本は、戦後日本は京都学派の展望と異なるかたちであったが、経済大国へ成長することで「世界の多元化」を促進する役割を果たしてきたとする。ここに注目する所以がある。

坂本がとくに強調するところは、京都学派がL・ランケの『強国論』（覇権国家論）を援用し、特殊的世界の自立（東亜新秩序建設）にむけて「モラリッシュ・エネルギー」（moralische Energie）を論じたところである。国家の覇権追求の根底にあるものこそ、モラリッシュ・エネルギーであり、これが覇権の使命に向けて国民を一致団結させ、国家を現実に創造していく活力となる。国家がモラリッシュ・エネルギーにたって活動するとき、個人は国家への参与そのものを報酬であると実感し、国家に主体的に統合される、と。

坂本は次のような京都学派の言説を引用する。「自分のモラリッシュ・エネルギーを大東亜圏内のいろいろな民族に伝へ、それを彼等の裡から喚び覚し、彼等に民族的な自覚を与へる、或は民族としての主体性を自覚させる」（『日本は自らの来歴を語りうるか』）。

坂本の新しい歴史解釈のねらいは、次のように焦点化できないか。

弱肉強食という国際社会における日本人の獣勇の発揮（福沢諭吉）と覇権争いという世界多元化における日本人のモラリッシュ・エネルギーの自覚（京都学派）。

政治を暴力の舞台と想定し、名誉の感覚の重要性を歴史から引きだすこと。藤岡＝坂本の運命的な出会いを経て、このようなマクロ・ポリティックス観（歴史観）に立って歴史教科書の共同制作はすすめられたのである。

では、モラリッシュ・エネルギーはいかに自覚されるのか。その拠って立つ根拠は何か。坂本は、京都学派は日本の伝統に潜む生気論的発想に着目したという。しかし、その言説はきわめて難解であり、言葉のリアリティの喪失を当時の人々自身が感じていた。「無の観念」「自己否定的に世界になる」（西田幾多郎）など。これが東亜新秩序建設をめざす人々の言葉の世界であり、実態はアジアの無理解と宮城遥拝《きゅうじょうようはい》の強要というアジアの主体の否定（植民地支配）であった。坂本はこの問題にまともに向きあおうとしなかった。

福沢の解釈の方はどうか。坂本は、福沢は日本に固有の文化的ナショナリズムを語ろうとしなかった、と正直に述べる。しかたなく坂本は、福沢の人生蛆虫説に触れて、「無常の感覚」を漂わせながら現世への活動力を回復するという日本人の伝統的死生観を福沢にみて、ナショナル・アイデンティティを探ろうとした。

結局、名誉の感覚を生み出すはずのナショナリズムは、難解で言葉のリアリティのない「無の観念」「無常の感覚」なる伝統的文化で無理矢理に根拠づけされてしまった。あるいは、そうせざるを得なかった。福沢にしても京都学派の解釈にしても、最後の結論部分に漂うニヒリズムは隠しようがない。この点は明記されてよいだろう。

坂本が描く近代日本の知識人の姿は、「複雑に分裂したアイデンティティを抱え込んでいた」「中途半端なアイデンティティ」という総括に行きつく、ニヒリズムを底にたたえていたことになる（「日本の知識人」『新しい歴史教科書を「つくる会」が問う日本のビジョン』前掲）。

坂本の歴史観は、暴力＝自己犠牲・名誉＝ニヒリズムのマクロ・ポリティックスの世界に、子どもを誘うことになるだろう。はたしてそれでよいのか、私たちの判断の岐路がここにある。

「つくる会」神奈川支部のある草の根保守運動（「史の会」）を担う人々は、「史の会」に仲良く参加はするが、相互に価値観を乗り越えるほどの語り合いはしないという。彼らは、話の合わない人間（たとえば若い世代と高齢世代）とあえて対話しようとしない。安全な距離を保った仲良しな関係。彼らの関係は希薄のままであった（小熊英二・上野陽子『〈癒し〉のナショナリズム』（慶應義塾大学出版会、二〇〇三年））。価値観の揺らぎを感じ、「健全な常識」が見いだせないがゆえの不安からナショナリズムを求めたにもかかわらず、価値観の揺らぎに真に向きあう芽を見いだそうとはしない。共通の思想形成の試みの欠如とあきらめ（話し合っても無駄である）。ここにも、深いニヒリズムが存在していた。これが、現在の草の根保守運動の一つの姿であった。

権力と暴力のミクロ・ポリティックスの世界に投げ込まれている子どもたちに必要なことは、こうしたニヒリズムを底に棲まわす戦略論の世界ではないであろう。平和の尊重と人権の尊厳についての価値観の揺らぎにきちんと向きあい、普遍的で共通する価値をいとわず見いだそうと努力する平和の文化でなければならない。

「暴力の文化」によってもっとも苦しんでいるのは子どもたち自身であった。その子どもたちに、「現実はしょせん暴力的で権威的であるのだ」と居直ってみせ、「痛みに耐えなければ、まともな人間にはなれない」と語りかけ、真実や平和といった普遍的な価値ではなく、「戦略的生き方」を説くことで、ほんとうに子どもたちは納得することができるだろうか。自分が自分自身であるための行動（決断と選択）をとることができるように、平和への意志に真正面に向きあっていく努力を子どもたちに伝えたいものだ。道はそこからしか開けない。

＊坂本多加雄については、岩崎稔「忘却のための『国民の物語』」『ナショナル・ヒストリーを超えて』（東京大学出版会、一九九八年）、源川真希「『国民の物語』の構造と社会的機能」『人文学報』（二〇〇一年三月）を参照した。

第2節　新自由主義的人間像を問う
――教育基本法「改正」（二〇〇六年）前夜

『新しい歴史教科書』（二〇〇一年）が登場する時期は、教育基本法の見直しと改正（教育改革国民会議が提唱、二〇〇〇年）が論じられる時でもあった。教育基本法は、第一次安倍政権によって「改正」される（二〇〇六年一二月）。歴史認識の争点は、教育基本法「改正」をすすめる勢力の社会観や人間観と密接不可分であった。

教育基本法「改正」の思想に新自由主義的人間像（それを補完するナショナリズム）の存在を見すえ、新自由主義を受容する社会的素地を検討してみよう。そして、新自由主義的人間像を批判するためには、人間的モラルの探求とその恢復《かいふく》が重要な課題になることが理解されてきた。

1　モラルを問う

私たちは、ほんとうによく、教育基本法の精神を、二一世紀にむけて考えてきたのだろうか。教育基本法の「改正」が問われた時、大田堯《たかし》の発言は、そのような疑問を含んだ思いに満ちていた。

たとえば、大田は、教育基本法を基本的人権から考えてみようと述べている（中野光との対談「基本的人権から憲法・教育基本法を考える」『人間と教育』四五号、二〇〇五年三月）。大田は、戦後の日本人の内面形成のあり方を問い、戦前の帝国臣民という生き方はなかなか変わらなかったとし、「今の状況の中で基本的人権という事柄の意味あいを自分の感性でとらえ直す」ことが大事ではないかと述べた。「感性でとらえ直す」という表現に注意したい。大田は、教基法を基本的人権という原初に帰って、しかも感性においてとらえ直す必要性を述べた。これは、つまり、日本人の内面形成＝生き方＝モラルを問う重要性を提起したことなのではなかったか。教基法「改正」に向き合う時代は人間のモラルを考えざるを得ない時代であるということであった。

戦後の日本人の倫理を問い続ける大江健三郎は、「深い成熟」（『あいまいな日本の私』岩波新書、一九九五年）ということを述べたことがある。大江は、知能に障害をもつ息子光君が二枚目のCD（音楽）をつくり上げた時、それは一枚目とは違う魂の暗い深みに入り込んだものだったと語っている。そして、暗い悲しみに入り込まざるを得ない不幸、しかし、その表現の過程が、同時に、悲しみから癒され、光君自身が恢復する過程であったとした。人生の深い成熟をもたらしたのではなかったか、とした。これは表現一般にたずさわる人々に共通する経験であろうと大江は述べている。

「深い成熟」とは、魂の暗さと悲しみを表現し、表現し得て悲しみから癒《いや》され恢復するという意味だった。私は、この深い成熟＝モラルの形成という指摘に、困難な時代を生きぬく思想が隠されているように感じた。この深い成熟がなければ、今日の危機に真に向き合うことはできない。あるいは、深い成熟を経ずに来たのが、戦後六〇年だったのではないのか。それが今日の教育の危機（教育基本法の「改正」）を招来している。大江に学んで、そう思えてならない。

2　新自由主義を受容する素地

日本社会にはすでにどこかで新自由主義的な発想を受容する素地ができあがっている。新自由主義的な発想とは、人間は競争的攻撃的性格を本質とし、少数の勝ち組と多数の負け組に二分されるべく運命（生得的素質）づけられている、ということだ。いわば、人間は根源的に不平等なのだ、という観念である。教基法「改正」の情勢が生み出される背景には、この新自由主義的な人間像の浸透がある。そこを問題にしなければならない。

たとえば、児美川孝一郎は、次のように書いている。「新自由主義の奥深い『共犯関係』にある現在の市民社会のただ中から、いかにして『共同』の思想と世界を紡ぎ上げていくのかは、実際問題として、容易に想像もつかないほどの困難な課題であることが自覚されなくてはなるまい」（「抗いがたき〝磁場〟としての新自由主義教育改革」『現代思想』二〇〇二年四月）。児美川は、教基法「改正」が生み出される要因の一つに、新自由主義と国民との「奥深い共犯関係」の存在をあげる。

中西新太郎は、現実の社会は、新自由主義国家を支える「強い個への鍛え直し」の要求が強く押し出され、一方、そういうなかで、多くの人々と子どもたちは「無力性の現実」を生きているという（「現代日本社会の教育意識と教育基本法改定」、『教育』二〇〇四年一一月号）。「強い個人」と「多数の無力性」の現実を問題にしなければならないと述べる。

教基法「改正」を批判する児美川や中西は、新自由主義的な発想の受容という現実を問題にしている。同時に気づくのは、児美川が「共犯関係」という用語を使用したように、教基法「改正」批判の要点は、共犯関係を絶つことができるモラルの形成ということだ。中西が言う「無力や欠如や依存を内に抱え込んだ弱者ゆえの連帯や共同の理念」の創出という提起もまた、モラルの問題と言いかえてよいように思う。

モラル形成の重要性は、ほかの教基法「改正」批判の著作を読んでいて、ますますその思いを強くする。斎藤貴男著『安心のファシズム』（岩波新書、二〇〇四年）や高橋哲哉・斎藤貴男著『平和と平等をあきらめない』（晶文社、二〇〇四年）は、社会ダーウィニズム（優性思想）の広がりを述べ、その浅薄なイデオロギーの浸透に危機を表明していた。三宅晶子は、肉体労働でも精神労働でもない「感情労働」の広がりを指摘し、相手に前向きで好意的な感情の表示を要求する感情労働は、自己分裂と人格の全体性の放棄につながるとし、そうした感情労働が人格形成期の子ども期に求められている現実、すなわち新自由主義的な関心・意欲・態度の移入・注入の危険性を述べた（「教育基本法改悪に抗して自由と平和を求める」『現代思想』二〇〇五年四月号）。

『季刊　前夜』（影書房、二〇〇五年三号）の、高橋哲哉・中野敏男らの座談会「『戦後』とは何だったのか」は、今日の「攻撃的自己中心主義」の顕在化を問題にする。若者の間には、自己肯定のために解体しても構わない他者を平気で踏みつけにできる、そういう攻撃的なシステムで生きられる人間でないとダメ、という意識が広がりはじめていると話す。

自らの生き方に強い影響を及ぼしはじめた新自由主義思想を批判できる生き方＝モラルの獲得が求

められている。「個人の尊厳を重んじ、真理と平和を希求する人間」（教基法前文）を真にわがものとし得るかどうか、実は、今こそそれが問われている。

3　「倫理としてのナショナリズム」の問題性

人間のモラルを考えようとするとき、ナショナリズムが主張するモラルが問題となる。一九九〇年代後半以降、ナショナリズムが台頭してきた。新自由主義はナショナリズムと癒着《ゆちゃく》し（新自由主義ナショナリズム）、両者が一つになって教基法「改正」が企てられている。両者は一体化して見えるが、しかし、ナショナリズムは新自由主義の「モラル」にもともと批判的であり、両者は対立を含んでいた。その矛盾を見抜く必要がある。同時に、ナショナリズムによるモラル批判に足をすくわれてもならない。これから述べる「倫理としてのナショナリズム」という主張の欺瞞をうち破らなければならない。

（1）西尾幹二

「新しい歴史教科書をつくる会」の前会長・西尾幹二をとりあげてみよう。「つくる会」は、創設の声明文で、日本の近代以降の戦争をアジア侵略戦争と記述する教科書を問題にし、それを自己悪逆史観と批判した。

その西尾は、一九八〇年代、臨教審（臨時教育審議会）を批判し、「教育の自由化」を義務教育段階にまで下ろすことに反対した。臨教審は「経済至上主義」の考えに立ち、「教育を手段視し、道具化している」と。そして、日本の特殊な競争心理こそ問題だとする。日本の受験競争の心理は、競争回避の心理であり、真の競争原理ではなく、競争回避の心理の上の競争であるとする。すなわち、相互同一化感情が問題であって、それが逆に、わずかな点差にしのぎを削る特殊な競争心理を生み出しているとする。その同調心理を生み出す制度改革が必要であると述べた（『日本の教育　智恵と矛盾』中央公論社、一九八五年）。

続いて一九八九年、西尾は第一四期中教審（中央教育審議会）委員になる。その経験を綴ったものが『教育と自由』（新潮社、一九九二年）である。西尾は、先の持論を展開し、話題にもなった「中間報告」を出す。教育改革は「固定した未来像や産業社会としての計画や目標を先に掲げ、それに合わせて現在の教育を意図的に変えようとすべき性格のものではない」とし、「教育の持つ歪みを正し、子どもの心の抑圧を軽減して、人間性の回復を図」るべきだとする。「教育の病理」を指摘し、「特殊な競争心理にさいなまされている」と現状を告発した。

ところが、最終報告ではことごとく西尾の素案は骨抜きにされ、「これではまるで検閲ではないですか！」と審議会のやり方に怒り、文部官僚のものの考え方に強い不快感を示し、中教審に「絶望」し、自身の「敗北」を表明したのが『教育と自由』であった。

ここで注意したいのは、西尾の提案が骨抜きにされたことではない。そうではなく、この時、彼は後に主張する「日本人に誇りをもてるような歴史」（「つくる会」）に類することをいっさい述べていないことである。西尾は、九五年前後、にわかにアジア民衆を侮蔑する「日本人の誇り」を言い出したことになる。その理由はわからない。ただ、文部官僚への「絶望」を契機にして、「心の抑圧」を「日本人の誇り」で解決しようとする自己愛的ナショナリズム史観に飛躍（転換）したことだけは間違いない。

「敗北と絶望」の後、西尾は、思想的転回（飛躍）を行った。一九八〇年代後半に書いたエッセイ集『人生の深淵について』（洋泉社、二〇〇五年）を読むと、ニーチェ研究を専門とするペシミズムやシニシズムを感ずる。思想的転回の底にはニヒリズムがあったことは想像できる。しかし、重要なことは、彼はもともとアジア問題に関心をもつナショナリストではなかったことだ。九〇年代初頭、元「従軍慰安婦」の方々の告発があり、日本政府が国家関与を認めた際、西尾は当時、この問題で発言することはなかったと思われる。西尾のナショナリズムは、思想的転回（論理の飛躍）の後の姿だった。この姿はある批評家（仲正昌樹）に言わせると「冗談としか思えなかった」のである。

（2）佐伯啓思

「つくる会」旧版『新しい公民教科書』の執筆者の一人、佐伯啓思についても見てみよう。佐伯の近著『倫理としてのナショナリズム』（NTT出版、二〇〇五年）の帯には、「グローバリズムの虚無を超えて、グローバリズム批判の傑作！」「制御なき市場中心主義に歯止めをかけるもの。それは〈倫理への問いかけ〉である」とある。本書は、保守主義者による、グローバリズム批判、新自由主義批判の書である。

佐伯は、序章で、グローバル市場の過剰な競争を抑制するものは倫理的エートスだと述べ、「九〇年代のグローバリズムの経験をもとにして、倫理を確保するものとして国家の役割に改めて関心を向けたい」としている。倫理＝国家の可能性を追求するのが本書の目的だと述べる。

佐伯は、「経済は、生存と生活の安定を確保する組織だった活動ではなく、諸個人の能力を試すゲームとなった」とし、「市場は、資源を効率的に配分する機構ではなく、個人が『能力と運』を試す舞台なのである」と述べる。「『機会』をつかむことが勝者の条件であり、勝者とは、この種の『先を読む』能力の証である。これが九〇年代のグローバリズムと新自由主義的に理解された市場のゲームであった」。

それゆえ、今日の市場経済は、もはや制度的な安定装置を持たず、市場そのものの自動的な拡張に自らの正当性を委ね、「創造的な破壊」を繰り返し、常に市場を不均衡に陥れることによって利潤機会を生み出しているという。市場の世界は、目的もなければ合理性もない、不確実で複雑、理性的な制御がきかないところとなるとする。

こうして、グローバル・エコノミーの進展は、価値規範の意識を希薄化せざるをえず、無国籍的な経済活動は無倫理的となる。「市場の倫理はもっぱら競争の公正さと情報の透明さという外化されたゲームのルールを守ることだけに集約される。このルールさえ守れば、人はもっぱら利潤機会を追い、快楽計算に明け暮れればよい」。あらゆる市場化は、市場で提供されにくいもの、商品価値をもたないものをこの世界から排除させていく。価値の多様性を殺し、市場の奴隷化がすすむというわけだ。

この現状分析に異論はない。では、佐伯は、このグローバリズム批判から、いったいいかなる展望を描き出すか？　それが「倫理としてのナショナリズム」であった。しかし、ここにきて、まさにここで、佐伯は先の西尾と同じように、突然の飛躍（論理のアクロバット）を行う。

まず、「倫理（モラル）」の規定を避ける。というよりも、倫理を「慣習」「慣行」（社会的な是認）に解消してしまう。すなわち倫理＝道徳的価値は、当為（なすべきこと）ではなく、そこにある規範＝事実でしかないという。そして、倫理の実態・体現者をほとんど説明ぬきに「国家」にしてしまう。「マクドナルド・ワールド」に代表されるグローバリズムと民族主義・宗教的原理主義という「ジハード」に対抗するのは国家以外に考えられないという。「経済的グローバリズムのもたらす没倫理的、脱規範的意識と、民族的・宗教的ファンダメンタリズムのもつ排他的で閉鎖的な超規範意識のどちらもが、今、国民国家にたいする脅威となっている。だがそうだとすれば、むしろ国家こそが、この両者の間にあって、むしろ……規範意識を可能とする存在というべきではないだろうか」とする。

佐伯は言う。「私は、再びナショナリズムの問題に戻りたい誘惑にかられる。……個人的な利益や自由の機会がグローバル市場で定義される時代であればこそ、公共的事項に参与する強い国家意識が必要とされるのではないだろうか。社会は、国家意識、つまり意識的なナショナリズムによって、かろうじてグローバリズムとバランスをとることが可能となると思われるからだ」。

佐伯は、人間の歴史をふり返り「集団＝共同体＝国家」という同一視を行い、国家と個人は対立を含みながらも最後は国家と調和するという。国家とは「個人の内にある国家」でもあるわけだ。その国家＝共同体は、常に自分たちの社会に属さない敵を排除してきたし、排除のために「犠牲」を重ね、そしてその「犠牲の聖別化」（聖なるもの）を行ってきたとする。これは軍隊と靖国神社への言い換えを想定する記述であろう。

ジハード＝テロの恐怖を語って、国家ナショナリズムを導き出す巧妙さ。しかし、国家＝倫理の体現者という説明は、あまりにお粗末であった。いや、説明放棄に近かった。

こうして、佐伯は、歴史的論証抜きに、国家＝倫理の唯一の実態とし、倫理としてのナショナリズムの可能性を説き、国家への犠牲と犠牲の聖別化を是認するモラルを論じるのであった。グローバリズム批判はいっきょに国家ナショナリズムへと昇華してしまう。

決定的な問題は、佐伯における「近代国家は人権という概念を織り込んだ共同体である」という認識の欠如である。基本的に、佐伯には、人権を敵視・軽視し、人権と国家を対立させる根深い思想があるように思われる。彼がいう倫理＝モラルは、基本的人権の思想には結びつかない。「基本的人権は、人類の多年にわたる自由獲得の努力の成果」（日本国憲法第九七条）というモラリティー観に立っていない。これは保守主義者に共通する特徴であった。

4　人間的モラルの恢復

二〇〇六年の教基法「改正」の重要争点の一つは、新自由主義的人間像批判というモラル問題であった。新自由主義的モラルか、国家ナショナリズムのモラルか、そのいずれでもない弱者ゆえの連帯と共同を展望できる人間的なモラルか。国家ナショナリズムの方向（たとえば、国家への犠牲と聖別化に向かう愛国心など）に解消させないで、しかも、攻撃的な自己中心主義を真に克服するモラルの形成はどのように可能なのかという問題である。人間的モラルの恢復と創造の筋道を教育の場において実践的に探り出す必要があるのだと思う。

最後に、そのための手がかりを考えてみたい。

人間の倫理を執拗に問い続ける柄谷行人の著作のなかで、興味深かった一つにアダム・スミスに関する記述がある。これを読んで、一八世紀の自由主義思想と今日の新自由主義思想との違い、もう少しいえば新自由主義思想の深刻な問題性に気づかされる（『倫理21』平凡社、二〇〇〇年。『定本柄谷行人集4　ネーションと美学』岩波書店、二〇〇四年）。

スミスが想定した社会状態は、各人が利己的に利益を追求することが結果的に全体の福利 welfare を増大させる社会、すなわち、レッセ・フェールを原則とする社会であった。ただし、彼は、それが貧富の差や対立を生み出すことを承知していたので、その解決を相互の共感 sympathy に求めた。彼は、人間の利己心を承認したうえで、共感の必要性を指摘した。共感の提示は、権力の介入で対立を解消させてはならないという意味だった。古典経済学の創始者スミスは、倫理学者でもあった。『国富論』と並ぶ彼の代表的著作『道徳感情論』（一七五九年）の冒頭には、以下のような記述がある。

「人間がどんなに利己的なものと想定されうるにしても、あきらかにかれの本性のなかには、いくつかの原理があって、それらは、かれに他の人びとの運不運に関心をもたせ、かれらの幸福を、それを見るという快楽のほかにはなにも、かれはそれからひきだせないのに、かれにとって必要なものとするのである」。これが、「哀れみ」や「同情」であって、「われわれがしばしば、他の人びとの悲しみから、悲しみをひきだすということは、……明白である」（『道徳感情論　上』岩波文庫）。

スミスの想定する社会は、人間の利己心とともに共感の存在を前提にしていた。ところが現代の新自由主義は、共感の感情をすでに前提から外してしまっている。自由主義は優生学の思想を取り込んで新自由主義思想に転変したということだろうか。

今日の事態の深刻さに思いがつのる。しかし、古典的自由主義に人間の共感（モラル）がしっかり位置付いていたとすれば、新自由主義を批判する契機をこれまでの歴史に探り当てる意欲を生み出すこともできるだろう。それは、先の佐伯が倫理の主体を国家に求める歴史分析とはあきらかに異なる実践的方向を指し示しているのではないだろうか。

スミスの時代と場所は異なるが、一九三〇年代後半の日本の思想にも触れたい。吉野源三郎著『君たちはどう生きるか』（一九三七年）は、日中戦争勃発の年に書かれた「人間のモラル」（丸山眞男）の書である。なぜ、この時、吉野は「モラル」を問題にしたのか。あるいは、モラルをどのように扱ったのか。これは大変興味深い問題となる。

吉野は、登場人物の「叔父さん」に中学生の「コペル君」に向かって「人間が、こういう不幸を感じたり、こういう苦痛を覚えたりするということは、人間がもともと、憎みあったり敵対しあったりすべきものではないからだ。」「およそ人間が自分をみじめだと思い、それをつらく感じるということは、人間が本来そんなみじめなものであってはならないからなんだ」と述べさせている。そして、その「叔父さん」に、道義の問題において、取りかえしのつかない過ちを犯したことこそつらいものはない、と語らせた。いっさいをのみ込んで、他の考えを許さない全体主義的思考に覆われていったこの時代、吉野が「取りかえしのつかない過ち」を述べた意味は大きい。

このように人間と戦争の危機を見すえるモラルが存在しえたことに、私は、われわれにもその可能性はあり得るのではないのかという希望を感じる。西尾や佐伯のように、突然に論理飛躍を行う業に頼るのではなく、歴史の事実に立脚する思想的根拠による展望を語ることこそ重視されなければならない。

第３節　「美しい国、日本」を支える教育観
――「ゼロ・トレランス」と「沖縄集団自決」問題を中心に

日本教育再生機構は、二〇〇六年一〇月に安倍内閣と共に発足する。安倍政権の「教育再生」を後押しする組織である。ここでは、生徒指導のゼロ・トレランス観と沖縄集団自決の教科書記述検定削除に対する再生機構の考え方の二つを検討する。再生機構は、生徒への共感を許さず、一律にぶれず厳しい生徒指導を要請するゼロ・トレランスを主張し、沖縄戦で起きた集団自決は軍の関与はなく、沖縄住民の犠牲的精神の発露によるものだという検定意見を支持した。日本軍の責任をあいまいにし、愚劣な「玉砕戦」の思想を認めるものである。これが安倍首相が第一次政権の当時にしきりと語っていた「美しい国、日本」を支える教育観であった。本節では、次の第４節も含めて、こうした点を論じてみたい。

二〇〇五年に大江健三郎の『沖縄ノート』（岩波書店、一九七〇年）に対する名誉毀損《きそん》訴訟が起こる。大江側を相手に、集団自決において日本軍の関与・強制はなかったと否定する訴訟であった。二〇一一年に、最高裁は集団自決への軍の関与を認定、原告側敗訴となる（大江側の勝訴）。だがそれに先立つ二〇〇八年、高等学校歴史教科書検定で、検定は原告側の意見にたって軍関与の削除指定の修正意

見を出した。検定の恣意《しい》性の重大な一例であろう。
沖縄の民衆の死を抵当にあがなわれる本土の日本人の生という命題。『沖縄ノート』は沖縄への倫理的想像力の形成という歴史教育の重要性を述べていた。その点も含めて考察してみたい。

1　八木秀次の反「人権」思想

安倍内閣の教育観を検討する時、どうしても落とすことのできない対象に、日本教育再生機構（民間シンクタンク）がある。安倍内閣発足と同時に組織され（二〇〇六年一〇月）、安倍の「教育再生」を後押しするための機関であった。その理事長に就任した人物が八木秀次・高崎経済大学教授である。彼は、「新しい歴史教科書をつくる会」の会長も歴任している。八木は、安倍首相に、当初掲げたタカ派的な主張を貫けと叱咤激励してきた人物としてよく知られている。

日本教育再生機構の基本方針は、次のようなものである。

①伝統文化を継承し、世界に発信します（教育の基本は、自国を愛する心を養い、伝統文化を継承することにあります）。
②心を重視する道徳教育を充実させます（少年非行など今日の教育荒廃の根本原因は道徳教育の欠如にあります）。
③男女の違いを尊重し、家族を再興します（「男らしさ・女らしさ」を否定するジェンダーフリー教育や道徳軽視の過激な性教育が学校現場を蝕《むしば》んでいます）、など。

八木自身は、彼の考えを『公教育再生』（ＰＨＰ研究所、二〇〇七年）にまとめている。『公教育再生』については、本書第2章5節で論じた。ここでは、八木が首相諮問機関教育再生会議に招かれた際に語った発言を紹介してみたい。

八木は、二〇〇七年四月二四日、教育再生会議学校再生分科会に、外部有識者として招かれ、意見を述べている。八木は、このヒヤリングにかなりの意気込みをもって臨んでおり、「衝撃的な発言になればいい」と期待感を露わにした。

彼の発言のポイントは、基礎基本を疎《おろそ》かにする「ゆとり教育」の問題であり、ゆとり教育の思想的背景にある「児童中心主義」への批判と見直しであった。教育の大半は「文化・文明の継承」であり、「伝える側の強い意志」が必要であるにもかかわらず、「教育の現場から強制力が排除されている」現実があり、それをあらためるべく「国民教育の原点」の復活を説いた。つまり「教育の強制力」の復権である。

さて、ここで問題にしたいのは、八木はいったいいつ頃からこのような発言を行いはじめたのかということである。日本教育再生機構の理事長におさまるような考えをいつ頃からもちはじめたのか。八木が注目されるきっかけは『反「人権」宣言』（ちくま新書、二〇〇一年）ではなかったか。著者自身も認めるこの奇矯な書名の本には、何が書かれているのか。

彼は、この本で、一九八〇年代以降、アメリカが採用した（とくにニューヨークで）少年犯罪対策や少年指導の厳しい処遇の考え方を次々に紹介している。

「ゼロ・トレランス」。これは、寛容さなしの指導であり、生徒指導をすすめる考え方であり、「細かく校則を設けて、それを破った者にたいしては厳しく処罰する」もの。

「壊れた窓理論」（割れ窓理論）。これは、窓ガラスの割れた自動車をスラム街に放置しておくと、アッという間にその車は略奪されてスクラップになってしまうことから、窓の小さな傷から大きな犯罪を呼び込むという考えの心理学。

「応報理論」。これは、自由主義の立場に立ち、犯した犯罪にたいして相応の制裁を受けるという理論。

「威嚇《いかく》抑止論」。これは、凶悪な犯罪者は痛い目に遭わせる必要があるという考えで、犯罪者にたいする甘やかしが犯罪激増の原因だと見て、刑罰を重くする発想。

「タフ・ポリシー」。これは、犯罪にたいして強硬姿勢で臨むというもの。

総じて、これらは、子どもたちを甘やかすことなく、厳しく接し、場合によっては制裁を課すことまでして人格を陶冶《とうや》する姿勢だ、と八木は述べている。

ゼロ・トレランスという「強い指導」論が、日本で声高に唱えられはじめたのは二〇〇五年の遅い時期から二〇〇六年初めとされている（船橋一男「生徒指導におけるゼロトレランス方式導入の問題点」『教育』二〇〇七年七月）。それよりすでに五年早く、八木は、ゼロ・トレランスに言及していたことになる。

船橋は、これら「強い指導」によって、懲戒に名を借りた教師のパワー・ハラスメントが多く生み出され、それにたいする怨念を深めた子どもたちがますます反社会的な資質を形成させてしまう危惧を表明し、ゼロ・トレランスの危険な本質を指摘している。問題を起こした子どもたちの内面にたいする配慮や理解にもとづく指導の徹底的な否定こそ、このゼロ・トレランスの思想である。

アメリカ発の、警察的管理＝ポリシングという新しいあり方を子どもの生活指導へ適用させる考え方を、八木は早くから評価していた。児童中心主義を批判し、教育の強制力の復権を説く原点はここにあったろう。

八木にとって「人権」とは、そもそも何か。人権とは、「正しさ」「正義」を力でもって勝ち取る〝闘争の論理〟を前提する概念であり、制約の原理をもたず、自己の正しさや利益を何によっても制約されることのない、力ずくでもって主張する闘争の論理そのものであった。

したがって、八木の結論は、こうなる。人権教育は、子どもたちの未熟な情欲を駆り立て、その解放をもってよしとするメッセージを彼らに発しているとし、彼らの情欲にもとづく主張をも合理化し正当化するための口実を「人権」は与えているとする。社会生活や集団生活を送っていくうえでは不可欠な、ごくわずかな規制にも耐えられず、すぐに逆上して（「キレて」）しまう、ひ弱な自我を創り出している。人権教育こそ、教育荒廃の原因であるというのだ。
①人権が無軌道な子どもをつくり出す。②人権が家族の絆を脅かす。③人権が女性を不幸にする。八木は声高に主張する。
人権教育に替わる彼が説く教育は、「人権」の概念に本来的に欠けている「歴史・伝統・宗教、共同体」の教育であり、「人格」を陶冶する道徳教育であった。人権＝エゴイズム、利己的人間＝人権。これが八木の人権観＝人間観であった。先の日本教育再生機構の基本方針はここに準備されていた。

八木の決定的な問題は、近代立憲主義についての基本的な無理解と敵意であろう。立憲主義とは、人権という価値によって国家権力を拘束するという考え方であり、民衆が国家権力を縛るという点に本質がある。ジョン・ロックの思想にそれは端的である。ロックは、人間は理性的な存在であり、法を自由に媒介させる能力をもっており、政府が社会契約を守っているかどうかを判断できるとした。人権という価値によって国家権力を拘束し、民衆は自由に法と国家を媒介させる理性をそなえている。ここが、八木の人権観に決定的に欠如している。戦後初期、政治学者の丸山眞男は、立憲主義を日本に根づかせるという困難な課題に向きあって、民衆が「拘束の欠如としての自由」から、より積極的な「理性的自己決定としての自由」へ、すなわち、単なる感覚的解放ではなく「新らしき規範意識の樹立」に向かうことが必要であると強調したのも、そうした理解からであった（「日本における自由意識の形成と特質」一九四七年）。丸山は、人間に倫理的なきびしさに堪える力を期待し、そのように人間を信じた。

エゴイズムの人権観＝人間観は、結局、国家の強制力をよび込むしかなかった。八木は、人権保障ではなく、国家に「伝統と愛国と道徳の教師」を期待した。

2　曽野綾子の沖縄「集団自決」論

二〇〇七年三月の第一次安倍内閣時において、高等学校用歴史教科書における沖縄「集団自決」の日本軍関与・強制の削除問題が起こった。「集団自決」における日本軍の強制・関与の削除を行うことで、沖縄戦で住民自らが死を選んだような記述になってしまったのである（第1章5節の3、本章

４節も参照)。

この検定削除の根拠とされた一つに、二〇〇五年八月に提訴された大江健三郎著『沖縄ノート』(岩波新書、一九七〇年)にたいする名誉毀損と出版差し止めを求めた裁判がある。原告は、当時沖縄慶良間諸島に配備された隊長・梅澤裕・元大佐と故・赤松嘉次・元大尉の弟、赤松秀一である。

ここでとくに問題にしたいのは、沖縄「集団自決」問題における検定問題と上記名誉毀損訴訟で重要な役割を担っている曾野綾子の著書である。曾野の本が、日本軍の関与・強制を否定し、沖縄住民は犠牲的精神の発露により死んだという主張を持っており、検定と裁判に大きな影響をあたえているからである。

曾野は、かなり以前の一九七三年に『ある神話の背景――沖縄・渡嘉敷島の集団自決』(文藝春秋)を出している。それを一九九二年にＰＨＰ文庫で同じく出版し、二〇〇六年に、それを改題して文庫版『沖縄戦・渡嘉敷島「集団自決」の真実』(ＷＡＣ文庫)の新版を出した。二〇〇六年「ＷＡＣ文庫」版は、表紙に「日本軍の住民自決命令はなかった！」とあり、帯には「大江健三郎氏の『沖縄ノート』のウソ！」と書かれた。

なぜ、二〇〇六年に再び、文庫本化されたのか。同書の「解説」を書いている石川水穂産経新聞論説委員は、中学高校の歴史教科書数社の記述をとりあげ、「軍は民間人の降伏も許さず、手榴弾《しゅりゅうだん》を配るなどして集団的な自殺を強制した」(日本書籍新社の中学社会)などの記述を問題にし、「軍の命令の有無は、国の名誉にかかわる問題である。少なくとも、歴史教科書の記述の誤りは正すべきである」と述べている。検定教科書から日本軍の関与・強制性を削除するために、この本を文庫本化したのである。

一方、その後の公判（二〇〇七年一一月九日）でわかったことは、原告・梅澤は、『沖縄ノート』を「去年読んだ」とし、提訴した二〇〇五年八月には『沖縄ノート』を読んでいなかったことである。大江は、公判でこれを聴き、曾野の本に導かれたものと推測している。もう一人の赤松秀一は、兄・嘉次に「集団自決」について直接確かめたことはなく、『沖縄ノート』を知ったのは曾野の著書を通じてであると述べ、しかも、『沖縄ノート』は読んだものの難しくて理解できないと述べた。曾野の影響は甚大であることがわかり、また、名誉毀損をいう事実がこのようなものであったことに驚くほかない。

曾野は、文庫本にするにあたって（「新版まえがき」）、あらためて、その意図を述べている。それは、他者を「告発すること」への強い懐疑である。慶良間諸島隊長＝日本軍を告発することはできないということである。彼女は、聖書の言葉「人を裁くな」「正しい者はいない」を持ち出して、次のように言う。「告発ということは、自分が正しいことをしているという自信がある場合にのみ可能なことだろう」。そして、人間は神と違って完全な真相を知ることはできないとし、集団自決という異常な空間（混乱と危険のなか）においては、人間のとった行動がどのていど道徳的だったかは明確にできないと述べている。

そのように考える曾野は、そこから、大江健三郎に矛先を向けていくのである。『ある神話の背景』は、『沖縄ノート』を引用しながら、以下のように言う。やや長いが、重要なので、そのまま引用する。

「『慶良間の集団自決の責任者も、そのような自己欺瞞《ぎまん》と他者への瞞着《まんちゃく》の試みを、たえずくりかえしてきたことだろう。人間としてそれをつぐなうには、あまりにも巨《おお》きい罪の巨塊のまえで……（後略）』」

このような断定は、私にはできぬ強いものである。『巨きい罪の巨塊』という最大級の告発の形を使うことは、私には、二つの理由から不可能である。

第一に、一市民として、私はそれほどの確実さで事実の認定をすることができない。なぜなら私はそこにいあわせなかったからである。

第二に、人間として、私は、他人の心理、ことに『罪』をそれほどの明確さで証明することができない。なぜなら、私は神ではないからである。」（二五九頁）

この部分こそ、大江が赤松元大尉を「罪の巨塊」＝悪人として仕立て上げたと解する曾野の記述である。これについて、大江は、公判で、これは曾野の誤読であると指摘する。『沖縄ノート』の当該部分、先述した「……（後略）」部分を省略せずに引用すると、こうである。

「人間としてそれをつぐなうには、あまりにも巨きい罪の巨塊のまえで、かれはなんとか正気で生き伸びたいとねがう」。

大江は、この部分を、「かれとは渡嘉敷島の守備隊長です。罪の巨塊は、『巨きい数の死体』です。そのまえに立つかれが罪の巨塊だ、と読みとるのは文法的にムリです」（「『罪の巨塊』に込めた思い」朝日新聞二〇〇七年一一月二〇日付）と述べている。

大江にとって「巨塊」は「巨きい数の死体」であって、その死体の前に守備隊長は立っていたと書いている。大江は、「渡嘉敷島の山中に転がった三百二十九の死体」とは書きたくなかったと述べている。しかし、曽野にとっては、大江は「神の視点」で守備隊長を断罪した、と解釈したいがために、「巨きい罪の巨塊」＝守備隊長と読みとったのであろう。そうすることで、大江に矛先を向けることができる。ちなみに、先の「解説」を執った石川は「あまりに巨きい罪の巨魁」とし、巨きい数の死体＝巨塊と読まずに、「巨魁」と書いてしまっている。なお、「ＷＡＣ文庫」版では、本文は「巨魂」と誤植されていた。

やや文法と誤記問題にこだわってしまったが、重要なことは、大江は、『沖縄ノート』で、悪人とも書いておらず、また、守備隊長の名前も書いていないことであり、それは、彼が、この集団自決は一個人の仕業だったのではなく、つまり悪人だったゆえではなく、日本軍―沖縄第三二軍―慶良間列島の守備隊というタテの構造のなかで強制されたものであった、ということを強調したいがためであった。守備隊長は、もちろんその縦の構造の末端の責任を担う。曽野は、この点を読み損ねているか、意図的に理解を回避しているのではないかと思うのである。

曽野は「私はそこにいあわせなかった」「私は神ではない」と述べ、大江を非難し、守備隊長を批判し告発することはできないと述べたのである。

したがって真の問題は、守備隊長を批判し告発することはできないという曽野の主張にある。曽野は、「ＷＡＣ文庫」版の「新版まえがき」で、以下のように記述する。

「沖縄では、集団自決の悲劇は軍や国家の誤った教育によって強制されたもので、死者たちがその死によって名誉を贖《あがな》ったとは全く考えてもらえなかった。そう考えるほうが死者たちが喜んだのかどうか、私には結論づける根拠はない」。

日本軍＝守備隊長を告発することはできない、という主張には、実は、沖縄県民は「死によって名誉を贖った」という曾野の考えがあるといえよう。地縁血縁による相互殺害であった「集団自決」の聞き取りで、曾野は以下のような感想を記す。

「殺される人間の方が楽であったのだ。そのことは誰でもが知っている。『愛をもって殺す』側の苦しさを、殺されるほうがよく知っている。殺されようとして生き残ったほうは、根本に於て心は安らかであった。」（二三八頁）

国に殉じるという美しい心で死んでいった人々を、なぜ、命令で強制されたものとして、貶めようとするのか（一六七頁）。曾野は、聞き取りを重ねたある中隊長の、この言葉に限りない共感を示していると読める。この本の核心はここにある。

だから、この検定削除問題と名誉毀損訴訟で同じく重要な役割を担っている「つくる会」会長の藤岡信勝は、以下のように曾野に言及したのであろう。「妻子や親を殺したのは、米軍によって辱《はずかし》められ残虐に殺されることと、肉親である自分に殺されることとの両方を天秤に掛け、後者を選んでやったのである。だから、『そこにあるのは愛であった』（曾野綾子氏）というのは完全に正しい。それはまさに深い愛なくしてはなしえない行為であったし、また観点を変えて表現すれば極めて合理的な行為でもあったのである」（「感情で歴史を枉げてはならない」『正論』二〇〇七年一二月号）。愛なくしてあり得ない「合理的な行為＝犠牲であった」という新解釈すら見せている。

曾野や藤岡に問題なのは、沖縄戦の全体構造への理解欠如であり、日本軍の責任を限りなく曖昧にする点である。愛を強調することで、誰も責任をとらない、いやむしろ、沖縄県民に責任を転嫁する構図が押し出されている。

それは、犠牲を讃美して、日本軍みずからの責任を隠す「玉砕」の思想そのものであった。大本営のあらゆる失態や無謀な作戦は、「玉砕」によって美化されてきた。「玉砕」の思想ほど、戦争の指導者に都合のよいものはなく、指導者は、いつも犠牲は自発的であって、強制ではないと主張できた。理不尽な運命を、沖縄の民間人に強要し、類例のない「集団自決」が生まれたのも、日本軍がとったこの「玉砕」戦略であった。軍はあらゆる絶対的な権限をもち、沖縄島民はあらゆる協力を強要された。

「過去を裁くことはできない」という人間のためらいの強調は、一見、誠実な装いを思わせるが、むしろ事実の探求と判断の放棄を隠している。大江が指摘するように、それは、「歪められた記憶」にたすけられて「罪を相対化する」作為であり、「自己弁護の余地をこじあける」ために「過去の事実を改変する」狡猾《こうかつ》な努力を伏在させている。

明白な事実はこうなる。日本軍が沖縄住民（民間人）を虐殺した事実であり、これは沖縄への差別であった。そして、国家が帰属する国民を殺害した事実であり、軍隊は民衆を守らないという戦争の本質把握である（鹿野政直『沖縄の戦後思想を考える』岩波書店、二〇一一年）。

「美しい国、日本」を支える教育観は、人間の理性や判断力に深い疑念をもつ人々によってになわれてきた。このような人間観によって教育を歪《ゆが》めてはならないと思う。

第4節　「沖縄集団自決」をめぐる教科書検定（二〇〇八年）の問題から
――大江健三郎『沖縄ノート』にふれながら

前節につづき、二〇〇八年度における高等学校歴史教科書検定（二〇〇七年三月三〇日発表）の、沖縄戦「集団自決」における日本軍の関与（強制性）削除をとりあげ、安倍内閣の歴史観を問題にする。第1章5節でみたように、この時の検定では、これまでであれば意見が付されなかった部分への改訂が目立ち、その典型が、沖縄戦集団自決における日本軍による関与の削除であった。改定教育基本法を実施させるための諸法律の審議途上のもと、検定においてその理念を先取りさせる試行であったともいえる。

安倍内閣が言う「戦後レジームからの脱却」とは何を意味するか。国家が望む人間像とはいったいいかなるものなのか。沖縄戦検定問題は、その危険な問題性をはしなくも明らかにした。そして、国家はどのような歴史と人間の存在を否定したがっているのか、逆に、私たちに考えるチャンスを与えた。

1　書き換えられた沖縄戦――「集団自決」における日本軍の関与問題

沖縄戦における「集団自決」問題とは何か。沖縄戦は、日本国内のほとんど唯一の地上戦であり、沖縄県民の約一五万人が死ぬ凄惨な事実として広く知られている。たとえば、米軍が最初に上陸した慶良間《けらま》諸島において、住民は日本軍の「軍官民共生共死」の方針のもと、いざというときは玉砕（自決）するよう隊長や個々の兵士から言い渡され、手榴弾《しゅりゅうだん》も配られていた。渡嘉敷《とかしき》島では四〇〇名余り、座間味島では一三五名が自決したとされる。この集団自決にたいする軍の関与を消し去ろうとするのが、この時の検定であった。削除の指示に七社が応じて検定合格となった。たとえば、『内外教育』（二〇〇七年四月六日付）では、その一例を以下のように伝える。

①原文「そのなかには、日本軍がスパイ容疑で虐殺した一般住民や、集団で『自決』を強いられたものもあった。」

②検定意見「沖縄戦の実態について誤解するおそれのある表現である」

③修正文「そのなかには、『集団自決』においこまれたり、日本軍がスパイ容疑で虐殺した一般住民もあった」

これは、〔東京書籍〕の記述である。ほかに、「なかには集団自決に追い込まれた人々もいた」〔清水書院〕、「追いつめられて『集団自決』した人や……」〔三省堂〕、がある。あきらかに、「集団自決」が日本軍による強制であったことが否定されている。修正後の記述では、誰によって追い込まれたのか、その責任の所在がわからなくなっており、住民自らが死を選んだように読めてくる。

検定は、沖縄戦における「集団自決」そのものを否定するものではない。「集団自決」を消したいわけではなく、日本軍による「強いられた自決」という性格を消したいということである。住民が国に殉じた死であること、自ら選んだ崇高な自己犠牲の精神による死であることを教えたいということであった。

「戦争をする国家」（＝戦後レジームからの脱却）を再びつくりあげるためには、もっとも都合の悪い沖縄戦の記憶は抹消されなければならない。日本軍は沖縄の自国民に銃を向け、住民を守るどころか犠牲を強い、死に追いやったという事実は、「美しい国」にはふさわしくないのであった。そこで、沖縄戦が殉国の精神にしたがって書き換えられた。

沖縄戦の学説状況に大きな変化があったのではない。では、検定意見は何を根拠にしたのか。持ち出されたのが、渡嘉敷島と座間味《ざまみ》島の事件についての裁判であった。

「冤罪《えんざい》訴訟」ともされるこの裁判は、二〇〇五年八月五日に、旧日本軍の梅澤裕・元大佐と故・赤松嘉次・元大尉の弟が、岩波書店と大江健三郎を相手に大阪地裁に提訴したものであった。元守備隊長は集団自決の命令を出していないという理由だ。

文科省の検定は、一方（原告）の主張にのみ寄りかかったものであり、座間味島と渡嘉敷島の事件の訴訟のみをとりあげ、沖縄戦すべての「集団自決」を否定し（通説を覆し）、しかも、これまで自ら無改訂の処置をとってきた態度を翻したのであった。

訴えられたのは、三七年前の大江健三郎著『沖縄ノート』（岩波新書、一九七〇年）である。二〇〇五年には、六月に藤岡信勝・拓殖大学教授が渡嘉敷島や座間味島に調査に入り、八月に漫画家の小林よしのりが沖縄講演会を開いている。この訴訟は、これに挟まるかたちで、一連の政治的な動きのなかで起こされた。ある政治的に連携された「意志」が、『沖縄ノート』の筆者を被告に押し立てたといえる。そして、安倍内閣の教科書検定は、大江を被告にしたこの政治的色合いの濃い訴訟を利用したのである。

いったい大江は、この『沖縄ノート』で、何を語ったのか。大江は、なぜ『沖縄ノート』を書かねばならなかったのか。訴訟の原告の動機は、この点と深くかかわっているのではないか。

「集団自決」の日本軍の関与をめぐるこの検定問題は、大江が『沖縄ノート』全体で記した彼の思想――人間観と歴史観を押しつぶそうとする、そういう意図を読みとることが大切ではないかと思うのである。

2　なぜ、大江健三郎は『沖縄ノート』を書いたのか

大江健三郎は、「九条の会」の代表世話人の一人であり、一九四七年教育基本法の改悪を批判する発言を続けてきた。大江は、四七年教基法の文体の倫理性に注目し、倫理性（モラリティ）の獲得は身近に死者をもつときに可能であるとし、死者を背負うようにして、戦後の日本人がつくった再生の原理こそ、四七年教基法であったと述べた。

大江のこの理解はどのような経緯を経て形成されてきたのか。私は、大江の三〇歳の著作『ヒロシ

マ・ノート』（岩波新書、一九六五年）に、その鍵を見いだした。彼は、一九六三年に広島を訪ね、その後、広島の悲惨を徹底して描き、深く記憶しようと努める。同時に、屈辱と悲惨を克服しようとする人々の困難な、しかし、威厳ある生き方を知る。白血病やケロイドなど原爆症によって心身を蝕まれながら人間的威厳を失わず、むしろ恢復しようとする新たなモラルを秘めた人々を描き出していく。窮境にあってなお人間の威厳の恢復を希求する。四七年教基法の精神を、大江はヒロシマに重ねて発見したのではないか。そのように思えたのである（拙稿「ヒロシマと教育基本法を結ぶもの」『平和教育』二〇〇六年一二月、七一号。「新教育基本法にいかに向き合うか」道民教『みんきょう』二〇〇七年一月、一二二号、参照）。

『ヒロシマ・ノート』を書き上げた大江は、一九六五年に、沖縄を訪れる。なぜ、沖縄であったのか。沖縄は、一九七二年に「本土復帰」となる。そこに至る、沖縄の人々の思想的闘いを知るためだったのではなかったか。

大江は、沖縄と日本の関係を軸にして日本の戦争責任の問題に踏み込んでゆくのである。ヒロシマで発見した人間的威厳の姿を、日本と沖縄を含めた東アジアの歴史に置きかえて、もう一度、検証しようと努めはじめた。つまり、日本人は沖縄との関係において、戦争責任をどのように取ることで、真に人間的威厳を示しうるかを追求していくのである。

「日本人とはなにか、このような日本人ではないところの日本人へと自分をかえることはできないか」。大江は、何度も何度も沖縄を訪問し、この問いと願いを繰り返す。

アメリカのアジア核戦略の実質的実態からいえば、沖縄の存在に隠れて日本は独立しているのであり、それはニセの自立であり、沖縄を「犠牲」にしているに過ぎない、と大江は言う。そこに日本の戦後民主主義の脆弱さが端的に示され、憲法の理念の著しい形骸化があるという。むしろ、沖縄の闘う人々にこそ（しばしば沖縄の教職員が例にあがる）、憲法の理念は体現され、その理念を勝ち取ろうとしているとされる。

大江は、日本による沖縄の「犠牲」の歴史を説き、琉球処分から沖縄戦までを振り返っていく。日本人の精神の奥底にまで染みこむ、「世界の中心としての日本」「アジアの中心としての日本」という「中華思想」的感覚を厳しく指摘する。沖縄を単純化されたイメージに貶め、方言使用を弾圧し沖縄の多様性を認めてこなかった日本人の最悪の政治的想像力の疾患を射る。

沖縄戦の記述は、まさにこうした文脈にあった。たとえば、「沖縄の民衆の死を抵当にあがなわれる本土の日本人の生という命題は、この血なまぐさい座間味村、渡嘉敷村の酷たらしい現場においてはっきりかたちをとり、それが核戦略体制のもとの今日に、そのままつらなり生きつづけている」。本土の日本人の生が、沖縄の民衆の死を抵当にあがなわれているのであれば、日本人は、その事実に向き合う倫理的想像力をなにがなんでも獲得しなければならない。大江の必死な、そして誠実な思索がここにある。

『沖縄ノート』の二か月前、大江は講演集『核時代の想像力』（新潮社、一九七〇年）を著す。彼は、そこで、「沖縄の人たちが戦争を通じてはらった犠牲は日本のどの府県よりも大きい。しかも、戦争の悲惨のあと、かちとられたものをいささかももたないのが沖縄の民衆です」と沖縄に寄り添い、人間のモラリティの感覚をこそ据えて国家問題、政治問題に向き合わなければならないと述べ、同時代をともに生きているという認識能力を、「沖縄にむけて広げてゆかなければならない、朝鮮にむけて広げてゆかなければならない」とし「これらの人びとひとつの状況を同時に生きているのだという感覚を強めねばならない」と述べるのであった。

「集団自決」の記述で被告にされた大江は、『ヒロシマ・ノート』『核時代の想像力』『沖縄ノート』と、人間の威厳（モラル）への思索を重ねていた。検定意見は、大江のこのような人間観の形成を砕く企てでもあろう。しかし、逆に、安倍内閣の検定は『沖縄ノート』に示される人間観を恐れてもいることがはっきりしたといえよう。

補節　安倍首相と日本教育再生機構の仲

日本教育再生機構の人々は、安倍首相の大切な「お友達」である。「教育再生」。言い出しっぺは安倍晋三氏か、日本教育再生機構（八木秀次理事長）か。どちらが先だったかを争うほど、両者は大の仲よし。日本教育再生機構は、二〇〇六年五月に名称を日本教育再生機構と決める。キャッチフレーズは「美しい日本の心を伝える」であった。安倍晋三第一次内閣が発足するのは、その九月。一〇月には教育再生会議の設置が閣議決定される。「日本教育再生機構は安倍政権の教育再生政策を民間のネットワークでリードするために生まれた」とは自他共に認めるところだった。

育鵬社教科書採択で

だから、というべきか。安倍晋三氏は日本教育再生機構の催しの場では、生きいきと持論を展開している。安心できるのだろう。二〇一一年の九月、忘れもしない中学校教科書の検定と採択のとき。日本教育再生機構編集の育鵬社版の『公民』と『歴史』が、それぞれ、五万部と四万七〇〇〇部を超える採択となり、喜んだ同機構が開いた「懇親の夕べ」に、安倍氏は次のメッセージを寄せた。

「新しい教育基本法の趣旨に最もかなった教科書は育鵬社の教科書であると確信しております」「大半の教育委員会が新しい教育基本法の理念に目を向けることなく、旧態依然とした現場重視の採択を行ったなかで、日本人の美徳と優れた資質を伝える教科書が、今後四年間で約二五万名もの子供たちの手に届くことになったことは、今後の我が国の教育再生の基盤となるものと確信いたします」（『教育再生』二〇一一年一〇月号）。

ある特定の考え方をもつ団体の、特定の教科書を、政治家が推すことの意味は重大である。少なくとも、安倍氏がどのような歴史観の持ち主なのかは明らかとなる。そして、この人は、おそらく、「教育への不当な支配」という政治と教育の関係問題を考える素地をほとんどもってはいないのではないか、という推測を可能とさせるだろう。

大阪教育基本条例で

次は二〇一二年の二月。場所は、教育再生民間タウンミーティングin大阪。出席者は、松井一郎・大阪府知事（大阪維新の会幹事長）と八木秀次・日本教育再生機構理事長と安倍晋三・元内閣総理大臣。話題は大阪教育基本条例（国旗国歌起立条例）だった。安倍氏はここで堂々と賛成を表明する。

「そうですね。国旗国歌に対して起立せず、斉唱もしない先生が三回違反すれば免職の対象になるという大阪の規定ですが、教育基本法にも日本人のアイデンティティを育てることが書かれています。法律を公務員が遵守するのは当然です。もし二〇人のうち一人でも座っている先生がいれば（式典は）台無しですよ。子供たちにとっては一生に一回じゃないですか。それを三回連続で台無

しにする先生は辞めてもらうのは、仕方がないことではないでしょうか。（拍手）」（『教育再生』二〇一二年四月号）

安倍氏は、きっと考えがおよばない。先生たちが、自由な雰囲気のもとで、生徒たちと一緒につくっていく教育実践の出発点でもあり締めくくりでもある式典を、それにふさわしい形でどうつくるのかという、そういう現場の発想をこの条例は押しつぶしてしまう、ということを。日の丸・君が代が、戦前、まさに日本の軍国主義の象徴であって、とくに、戦争の記憶と結びついて、アジア諸国の人たちに非常に大きな苦痛を与えるのだという、そういう事実を認めようとしない。そんな人物なのだと思う。

安倍氏は、ミーティングの最後で、次のように締めくくっている。「条例を作成することによって（六十数年間続いた）戦後の岩盤のような体制を崩していく役割を担ってほしいと思います。（拍手）」

第二次安倍内閣では、まだ封印されている「戦後レジームからの脱却」が、このときには率直に語られている。八木秀次氏は教育再生実行会議の委員となる。両者の連携にますます注意しなければならない。

第５節　「知識基盤社会」という社会観の貧困
――二〇〇八年学習指導要領をめぐって

本節では、二〇〇八年改訂の第八期学習指導要領はどのような社会観にたって行われたものなのかを分析してみたい。

周知のように、第八期指導要領の後、二〇一七年には次の指導要領改訂が行われ、そこでは道徳が教科とされるなど見過ごせない問題が打ち出された。だが本書では紙幅の関係でそれを論じる余裕がないため、その検討は別の機会を待ちたいと思う。

ここで第八期学習指導要領を取り上げるのは、それが扶桑社や育鵬社が歴史教科書を出版する時期と重なる指導要領であったからだ。教科書全般の改編に強い影響を及ぼす教育政策の分析も重要であろう。

一九九八年の第七期改訂は、「生きる力」を育むために、教育内容の厳選と授業時間数の削減、総合的な学習の時間の創設を行ったが、第八期改訂は、「生きる力」を育むために、逆に、教育内容と授業時間数の増加、総合的な学習の削減を行った。この転換は大きな矛盾であると受けとめられるが、文科省は、この矛盾を説明しようとしない。

最大の問題は、いかなる社会観による改訂なのかが明確でないことであった。知識基盤社会という言葉はあるが、これがどのような社会なのか、はっきりしない。知識が飛躍的に重要視される社会という以上の説明はない。知識基盤社会はこれまでの成長経済の延長にあると解釈する以外にない。経済のための人間か、人間のための経済か、こうした深刻な問いをくぐり抜けた社会観とはとてもいえない。人間の知的能力の向上ばかりが論じられ、人間と人間との共同的なきずなをつくり出す能力の在処が考えられていない。こうした問題意識から、知識基盤社会という社会観の貧困さについてここで考えてみたい。

ナショナリズムを誇示する歴史教科書は、こうした貧しい社会観とともに登場してきたのである。

1　問われる教育・社会のヴィジョン

経済学者の神野《じんの》直彦は、現在の教育危機は、「社会が社会の構成員を育てることに失敗している危機のことである」(『教育再生の条件　経済学的考察』岩波書店、二〇〇七年)と述べている。現在ほど、社会の構成員を育てることのできる「新しい社会のヴィジョン」が求められている時代はないだろう。この論点について考えるために、二〇〇八年の中央教育審議会の学習指導要領改訂のための答申を検討してみたい。

答申は、現在を、新しい知識があらゆる領域で飛躍的に重要性を増す「知識基盤社会」であるととらえている。では、この知識基盤社会とはどのような社会のことなのか。社会の構成員を育てるという社会の実質を備えているのか、答申の認識が問われよう。さらに、重大なのは、知識基盤社会への適応のためには「生きる力」をはぐくむことがますます重要となっていると答申が強調したことである。これまで通り、「生きる力」の理念に変更はないとした、その考えの妥当性が鋭く問われよう。「生きる力」の理念に変更はないという。そこで、次のような問題が問われることになる。答申は、当時の第七期学習指導要領が「生きる力」をはぐくむために教育内容の厳選と授業時数の削減、総合的な学習の時間の創設などを行ったと説明しているが、〇八年の改訂は、これとは逆に、「生きる力」をはぐくむために教育内容と授業時間数の増加、総合的な学習の時間の削減を行う、と提起した。これは矛盾であり一貫した姿勢の欠如ではないか。この方向転換の説明は、いまだにきちんと総括されていないのではないか。

文部省（二〇〇一年から文科省）は、一九八〇年代以降、「ゆとり教育」「学校スリム化」をスローガンにして改革をすすめてきた。「ゆとり教育」政策の総決算である完全学校週五日制と第七期指導要領の実施は、二〇〇二年であった。ほぼこの時期を境にして、「学力低下」を危惧《きぐ》する声が高まった。第七期指導要領の実施を目前に控えた二〇〇二年一月に文科省は「学びのすすめ」を発表し、「学力重視」の方針を打ち出した。指導要領を一部改訂し、削除されたばかりの教育内容を一部復活させ、「歯止め規定」廃止を明示し、発展的学習や習熟度別学習を奨励した。「ゆとり教育」からの方向転換である。

二〇〇四年にＯＥＣＤ（経済協力開発機構）の国際学力比較調査（ＰＩＳＡ）が公表され、新聞各紙は日本がトップクラスから転落したと報じた。慌てた中山成彬《なりあき》文科相（当時）は、「授業時間を増やす」「競争を強化する」と述べた。文科省は、知識詰め込み教育の弊害の是正として「ゆとり教育」を提起し、「生きる力」の育成をスローガンに改革を推し進めてきたはずではなかったか。この間の「ゆとり教育」政策とその方向転換がきちんと説明されなければならないが、それはその後一〇年以上たってもなされていない。

答申は、ほとんどこの説明を放棄している。「ゆとり教育の功罪をきちんと総括しないまま、方向転換を図ろうとしている」（朝日新聞社説二〇〇八年一月一八日）。この指摘は重大である。

第七期指導要領下の文科省の政策に限っても、その迷走ぶりは誰が見ても明らかであった。文科省の教育課程課長は、子どもたちの現状について、思考力などの学力に課題があり、しかもその成績分布の拡散が拡大しており、また自分に自信が持てないなどの不安観の増大などがあると指摘し、〇八年の改訂に際しては、「これらの課題がなぜ生じているのかという視点から検討を行ってきた」（『日本教育新聞資料版　審議のまとめ』、二〇〇七年一一月七日付、高橋道和文科省初等中等教育局教育課程課長「解説」より）と述べている。検討は十分だったのか、その実質が問われなくてはならない。

答申は、「生きる力」の理念を変えず、教育内容・時数の削減から増加への転換の理由を、文科省と学校関係者・保護者・社会との十分な共通理解の不足にあると指摘した。主要な原因は、関係者の認識不足だという。これでは、二十数年の「ゆとり教育」の総括と自らの迷走の原因を真剣に議論したとはとても思えない。

この改訂がなにゆえ必要であったのか。中教審は説明しなかった。将来の社会ヴィジョンといい、現状の社会分析といい、改訂の本質に関わる核心的問題として、答申に示された中教審の社会観には検討すべき大きな問題がある。それを考えるために、「改訂の経緯と原因」の説明を検討したい。

2 「人間力戦略」と「生きる力」

第七期指導要領の理念である「生きる力」は国際的にも共有された認識である、と答申は言った。答申は、ＯＥＣＤが、一九九七年以降、「知識基盤社会」の時代を担う子どもたちに必要な能力を「主要能力（キーコンピテンシー）※」として定義づけ、国際学力比較調査を開始している点に触れ、「生きる力」はこのキーコンピテンシーの考え方を「先取り」したものであるとした。また、内閣府人間力戦略研究会の「人間力戦略研究会報告書」（二〇〇三年四月）にある「人間力」という考え方も、「生きる力」と同様であるとした。つまり、「生きる力」＝「キーコンピテンシー」＝「人間力」である。

※キーコンピテンシーとは、「特定の文脈のなかで複雑な課題に対応することができる力」のことであり、①道具を相互作用的に用いる能力、②異質な集団で交流する能力、③自律的に行動する能力、のカテゴリーで構成されると規定されている。

答申は、この「生きる力」＝「キーコンピテンシー」＝「人間力」という理解を根拠にして、知識基盤社会における「生きる力」の育成の必要性を説いている。はたしてこの理解は正しいか。

「人間力戦略」は、小泉純一郎政権当時の経済財政諮問会議の答申（二〇〇二年六月）、いわゆる「骨太方針」に始まる。「構造改革」推進のための「経済活性化戦略」の筆頭に、「人間力」がかかげられた。「経済成長も、社会の安定も結局は『人』に依存する」「一人ひとりの持つ人間力が伸び伸びと発揮され、活力ある日本が再生する」、骨太方針はこう語る。経済活性化戦略の一環としての人間力戦略であった。同年八月、文科省は、これを受けて、「新しい時代を切り拓くたくましい日本人の育成」という「人間力戦略ビジョン」を打ち出した。このビジョンは、「自ら考え行動するたくましい日本人」ほか四つの目標をかかげ、「確かな学力の育成〜国民の教育水準は競争力の基盤」「豊かな心の育成〜国民の倫理観、公共心と思いやりの心」など六つの施策推進を述べた。人間力戦略はこのように具体化されようとした。しかし、ここで時期を置かず、すぐさま内閣府に設置されるのが「人間力戦略研究会」であった（二〇〇二年一一月）。この委員会は、かかわった委員や省庁の幅広さという点で異色とされた。なぜ、内閣府にこの委員会が設置されたのか。

座長を務めた市川伸一東大教授は、この設置の経緯について、「確かな学力」と「豊かな心」の二本立てという文科省の施策は、結局、その軸足はあくまで教育の内側にあり、「『実社会との関わり』のようなことが稀薄なことに、他の省庁や産業界からは物足りなさもあった」（市川伸一編『学力から人間力へ』教育出版、二〇〇三年。以下「人間力戦略」については同書より）とその理由を述べている。産業界は、従来の「ゆとり教育」には批判的であり、当時の文科省の人間力戦略ビジョンにも日本の経済の不振をうち破り、経済の活性化をうながすには、なお不十分だという認識があった。

市川は、この委員会設置の趣旨を書いている。当時の産業界では、経済の長期停滞、雇用・労働の不振状態にたいする危機感が高まっており、経済の活性化をはかるためには、従来の「学力」という用語の使用では議論が限定的になり、混乱を起こし、有効とはいえない。そこで、「人間力」を使用したい、というのだ。この「学力から人間力へ」という人間力戦略の基本的スタンスは、職業生活面に焦点をあてた「社会の見える教育環境」の構築にある。現実の社会で大人がどのように生き、そこでは何が必要とされているかを見せることによって、学ぶ意義を子どもたちに伝えるというのだ。受験競争も緩和され、競争による外発的な動機は弱く、また、子どもの価値観は多様化しており、教科の内在的な価値から学習に向かわせようとするにも限界がある。そこで、学ぶことの実質的な意義に立ち返り、職業生活を視野に入れた学びの再構築が必要だという。

市川自身は、「人間力」は「生きる力」の延長に位置づけてよいと考えていた。ただし、「生きる力」は、あいまいで何をさすのかわかりにくいと考えていた。また、人を「思いやる心」とか「国を愛する心」とかいう情緒的な言葉は使いたくなく、「社会における責任を果たし、自立的に生きていく」という「ドライなイメージを出したい」と思っていたという。明らかに、内閣府の人間力戦略研究会は、文科省の「人間力ビジョン」への批判を含んでいた。

同「報告書」（二〇〇三年四月）は、人間力を「社会を構成し運営するとともに、自立した一人の人間として力強く生きていくための総合的な力」と定義し、①「知的能力的要素」、②「社会・対人関係的要素」、③「自己抑制的要素」を総合的にバランス良く高めることが人間力を高めることであると提起した。

さて、ここで問題としたいことは、人間力戦略研究会の現状分析であり、彼らが言う若者の「人間力低下の原因・背景」についての説明である。結論を先にいえば、フリーターやニートの若者の増大という人間力の低下は、労働市場の悪化や労働の流動化に最大の原因があるというのでなく、本人の意識、意欲の不足や職業観、勤労観の未熟さにあるというのが「報告書」の基本認識であった。「報告書」は、人間力低下の原因に、「夢もしくは目標の喪失」「経済の成熟化」「時代に対応した人材育成機会の不足」「職業能力のミスマッチ」「社会全体の規範力低下」をあげる。たとえば、「夢もしくは目標の喪失」の項目では、「就業による自己実現の可能性の低下や身近な大人の自信喪失、成功モデルの崩壊により、目指すべき目標像が見えにくくなっている」と説明する。「経済全体が豊かになり、なぜ働かなければならないか、わからない」「職業観が確立していないために自分に期待されるものが分からない」という若者像がことさらに強調されている。

こうした現状分析に立つ「人間力」形成のヴィジョンは、中教審答申が言うようにOECDのキーコンピテンシー概念と同じものだと考えてよいのだろうか。OECDの二〇〇三年の報告書によれば、キーコンピテンシーが示す社会の目標は、第一に「経済生産性」があげられている。経済競争力と経済生産性はすべての社会の主要な目的であると述べている。しかし、それに引き続いて、「民主的プロセス」「連帯と社会的結合」「人権と平和」「公正、平等、差別観のなさ」「生態学的持続可能性」が指摘されていた。「人権と平和」項目では、世界人権宣言（一九四八年）を例に示し、「この宣言は、人類や社会の地球規模の発展の基本的方向性についての明確な体系と、社会の理想について、多様な形態を持つ社会に共通とされる合意を表している」と述べていた（ライチェン&サルガニク編著『キー・コンピテンシー　国際標準の学力をめざして』OECDのDeSeCoプロジェクトの最終報告書、立田慶裕監訳、明石書店、二〇〇六年、原著は二〇〇三年）。

このキーコンピテンシー規定と比較すれば、「人間力戦略研究会報告書」は経済生産性以外の他の指標をことごとく軽視していることに気づく。「報告書」の人間観は、適応主義的で調和的であり、問題の原因や解決を「人間力」という個人内部の力に求め、異質なものと交流したり、対立や矛盾を調整するといった視点は欠落している。キーコンピテンシーの獲得によって社会を変革するという志向性はみられないのだ（松下佳代「リテラシーと学力」、『教育』二〇〇六年一〇月）。「人間力」とOECDの「キーコンピテンシー」はけっして同じ考え方ではない。

「人間力」という言葉の登場は、ポスト近代社会におけるハイパー・メリトクラシーの現出の結果であるというのが本田由紀の解釈である（「ポスト近代社会を生きる若者の『進路不安』」『教育』二〇〇七年一二月）。ポスト近代社会は、グローバル化、産業構造の激変、価値や文化の多元化・多様化として特徴づけられる社会のことである。第三次産業が台頭し、高度な新規需要開拓能力と接客などのルーティン的な対人能力が飛躍的に重要視される。こうした社会では、認知的で標準的な記号操作能力を計測して評価する業績主義（メリトクラシー）だけでは間に合わず、さらに非認知的で非標準的な感情操作能力、すなわちハイパー・メリトクラシーが要求されてくるという。ハイパー・メリトクラシーは、認知的な能力よりも、意欲や対人関係能力、人間の人格や感情の深部におよぶ能力の評価が重要となる。これが「人間力」の登場する背景である。

本田の指摘で重要なことは、ハイパー・メリトクラシーの弊害についてである。それは、従来のメリトクラシーよりもいっそう剝《む》き出しの苛烈な競争を呼び起こし、人格や感情の深部にまでおよぶ能力の不断の発揮は、若者に耐えがたい圧力となって襲いかかる。そして自己責任化のシステムのなかで生きる彼ら彼女らに自己否定と自己排除（離脱と退出）がすすむという。他人への恐怖と自分への不信がつのり、対人不安をうったえ、就職活動よりも「自分探し」に傾斜する若者の増加は（これを佐藤洋作は「心理主義化する自分探し」という）、こうしたハイパー・メリトクラシーの現出と密接に結びついていた。

「人間力戦略」は、こうしたポスト近代社会の把握を持たない。感情の深部にまで入り込む人間評価とその弊害をとらえることが不十分である。ましてや、「生きる力」はＯＥＣＤの「キーコンピテンシーの先取り」であり、人間力戦略研究会報告書の「人間力」と同じ考え方であると結論づける中教審答申は、こうした社会批判に近づこうとしないし、躊躇《ちゆうちよ》して思考を停止させている。

3　「知識基盤社会」と「知識社会」

「人間力戦略」は、結局、現状の社会構造の分析がきわめて不十分であり、望ましい将来の社会ヴィジョンを描く点で大きな弱点を示していた。〇八年中教審答申もまた、その弱点を引き継ぐかのように、「知識基盤社会」を論ずるとしても、その社会がどのような社会なのか、わずかな作文しか用意できず、知識が飛躍的に重要視される社会という以上の社会像を結ぶことができていない。こうした「社会観」の上に立って学習指導要領が決められていった。問題はきわめて大きいといえる。

一九九〇年代以降の教育政策は、産業政策や労働政策とどのような関係をとってきたのだろうか。産業と労働政策は、大きく二つの分野で展開されてきたといってよい。一つは新産業創出政策であり、もう一つは雇用・労働環境の柔軟化政策であった。たとえば、雇用・労働の柔軟化でいえば、日経連が「新時代の『日本的経営』」（一九九五年）を出し、雇用労働者を「長期蓄積能力活用型」「高度専門能力活用型」「雇用柔軟型」に分けてあつかう複線型の人事制度と労働市場の流動化の提案であった。新産業の創出では、一九九七年に閣議決定した『経済構造の変革と創造のための行動計画』であり、そこでは「新規産業創出環境整備　プログラム」として新規・成長産業一五分野がならべられていた。

これら二つの分野にたいし、教育政策は新産業創出よりももっぱら雇用・労働の柔軟化に対応してきたのではないのかというのが岩木秀夫の理解である。大学や高校に新しい学問分野や教科・科目を示して、学部・学科・課程の新設や再編をうながす政策が少なく、圧倒的に多くの教育政策は、学校や大学の入学者選抜のあり方、履修形態のあり方、管理・経営や教員の任用や組織のあり方などに関するものであった。経済のグローバル化で求められる新しいタイプの知識・技術・技能よりは、働き方・生き方の心がまえづくりにピントが合わされてきたのである（岩木秀夫『ゆとり教育から個性浪費社会へ』ちくま新書、二〇〇四年）。

それぞれの政策にたいする批判と評価は別の課題であるが、岩木のこの傾向の指摘は傾聴に値する。「知識基盤社会」を論じた少し前の中教審答申「我が国の高等教育の将来像」（二〇〇五年）は、求められる「二一世紀型市民学習」がどのような内容なのかほとんど説明できずに、ひたすら大学と大学教員を「競争的環境」に投げ入れるあれこれの環境整備の提案だけが明確であったことに、それは端的であった。

〇八年の指導要領改訂も「働き方・生き方」に重点をおいた審議の上に成り立つものなのか。教育の危機を脱するために、納得できる希望ある社会ヴィジョンを提示することが何より必要であったにもかかわらず、そうした議論の欠如のなかで、すなわち、知識基盤社会とは何か、とことん議論することなく、雇用・労働の柔軟化に対応する人間力論の延長に学習指導要領の改訂が示されたと推測せざるをえない。

本節の最初で紹介した経済学者の神野直彦は、「工業社会」から「知識社会」への転換を提起する。神野がいう、この「知識社会」は明らかに中教審答申の「知識基盤社会」とは違う。

神野は、教育危機の克服は「知識社会」の選択でなければならないとする。中教審が想定する「知識基盤社会」はこれまでの成長経済の延長にあると解釈するほかないとすれば、「知識社会」はその断固たる否定である点で、両者は際だった違いがある。同じように知識を重視する社会の謂《い》いであるが、両者の決定的な違いは何か。

「市場原理を解き放って、競争社会を目指す新自由主義には、歴史の峠を越えようというヴィジョンはない。どういう社会が実現するのかは、競争の結果しだいでどうなるのかわからない」（『教育再生の条件』前掲）。神野は、新自由主義経済を強く否定する。新自由主義では、現在の転換期（エポック）を超え出ることはできないという。新自由主義の「小さな政府」のもとでは、イノベーションに果敢にチャレンジした企業が報われるのではなく、容赦なく人員整理をした無慈悲な企業が勝利したにすぎない。新しい産業構造を創りだし、それを包摂する経済システムに変革していく推進力はないと断言する。

構造改革とは、トータルシステムとして社会総体の改革でなければならない。しかし、日本がくりかえしてきた構造改革は、旧来の産業構造のもとでコストを低めるだけのものに過ぎない。技術革新によって、新しい産業構造を創出しつつ、生産性を高めるのでなければ意味がないというのに（神野直彦『人間回復の経済学』岩波新書、二〇〇二年）。

神野はさらに人間観を問題にする。経済のための人間か、人間のための経済か、が問われる。新自由主義は、人間が自己利益のみを追求する経済人であるという人間観をもつ。経済人として生きなければならず、他者に共感してはならない。人間が連帯と協力を求める社会的欲求を備えた存在だという理解は出てこない。これが新自由主義の人間観であった。

私たちは、現在を転換期（エポック）ととらえ、新自由主義ではこの転換期を超え出ることはできないと断言し、他者との連帯を想定できないその人間観の問題性を指摘して、今後のヴィジョンを「知識社会」に託す、一人の経済学者の主張に学ぶ必要がある。ここに「知識基盤社会」が現状の新自由主義に何ら批判的でありえないことが明瞭となる。

知識社会は、人間そのものの能力を高めることが生産の前提条件となる。人間の知的能力の向上とともに、人間と人間との共同的きずなも、生産性を決定する重要な要因となる。協力して知識を交換しあうことが大切となる。したがって、家族やコミュニティでの価値観が、社会トータルシステムとしての価値観の主流となる。工業社会では生産機能が生活機能の磁場であったが、これとは逆に、知識社会では生活機能が生産機能の磁場となる。神野はスウェーデンの現在の改革のあり方においてこのモデルの探求を試みている。けっして夢物語ではない。

活力ある経済社会を実現させることと、人間生活の基盤を平等に公共的に支える、そういう社会構想を求めていった先に「知識社会」が浮かび上がってくる。知識社会は、社会全体の教育機能を真に強めるものでなければ、その実現は不可能である。
「知識社会」は、岐路に立つ時代の選択肢の一つであり、一方は破局であり、別の選択肢こそが「知識社会」であった。それまでとまったく相違する風景が出現する、それが知識社会である。

中教審答申がいう「知識基盤社会と生きる力」を批判しうる「知識社会」構想がこうして提示されている。学習指導要領改訂をすすめる人々の「社会観」がいかに貧困であるのかに気づかされるといえよう。

どのような教育と社会の未来を構想するのか。この観点をいっそう大切にして今日の教育に批判的に向きあっていくことが求められる。

あとがき

本書は、二〇〇一年から二〇一八年までの間に書いてきた、おもに教科書問題に関する私の論文を集めたものである。私は、二〇〇〇年の頃だと思うが、自分が今いる実際の社会にどのように向き合っていったらよいのか、そのことを少し自覚しながら研究的な仕事をしてみようと思いはじめていた。私は、一九九七年に、『総力戦体制と教育科学』(大月書店)を出している。これは、一五年戦争下(一九三一年〜四五年)における教育学者の思想を分析した本であった。一九三〇年代のはじめ、政府の教育政策の批判者として立ち現れた教育学者が、なぜ一九四〇年前後を転機に国策(＝戦争)に協力する表明を行い、それに応える教育改革を構想してしまったのか、その「転向」の原因を追究するものであった。戦時下における教育学者の生き方を考えてみようとしたのである。おそらく、自分がそこに生きていたのならどんな態度がとれたのか、という問いが含まれていたようにも思う。

だからということか、現代を見つめ自分の生き方を問いながら教育学の問題を深めていければいいのではないかな、と次第に思うようになってきた。そんなときに、「新しい歴史教科書をつくる会」の存在を知り、彼らの検定合格の『新しい歴史教科書』(二〇〇一年)を見ることになった。この教科書を手にとり、じっくり読んでみて、これは大変な問題が隠されているように感じたのである。この教科書の政治的・社会的背景をしっかり調べて、その危険な本質を見極めて、社会的発言を試みること。それは、戦時下の教育学を検討したことの延長上に結びつく仕事ではないのか。そのように考えて、私はこの教科書問題にとり組むようにしてきた。
成果は貧しいが、「誇示する教科書」の社会的背景（政治的社会的要因）を理解するために何らかの貢献ができていれば幸いである。収録に際し、さまざま加筆・修正を行っている。

本書の元になる原稿を持ち込んだ時、一冊の本にまとまるものかどうか、自信はあまりなかった。編集部の角田真己さんは、これらの原稿をよく読んで下さり、上手に三章構成にしてまとめてくださった。また、読みやすくするために、的確な指摘をいろいろしていただいた。本はこのようにしてでき上がっていくものか。この経験は私にとって貴重であった。本書がこのような体裁で刊行できたことに感謝申し上げる。

二〇一八年一一月

佐藤広美

初出一覧

第1章

第１節　『前衛』2015年7月号：育鵬社教科書が描く歴史像の矛盾
第２節　『現代と教育』2001年7月、54号：「歴史」はいかに書かれたか
第３節　『教育』2003年9月号：「戦争のできる民主主義」を認めてよいか
第４節　『教育』2005年9月号：他者への想像力と歴史認識
第５節　『前衛』2011年7月号：新教育基本法下の歴史教科書問題
第６節　『前衛』2012年2月号：育鵬社『公民』教科書とは何か

第2章

第１節　『前衛』2018年7月号：日本教科書『道徳』が持ち込む歴史認識と「修身」の手法
第２節　『前衛』2017年9月号：教育出版『道徳教科書』がねらう修身の復権
『共育者』2018年２月号：なぜ道徳が教科化されたか
第３節　『教育』2011年5月号：現実に向きあう道徳教育を考える
第４節　『教育』2009年9月号：道徳教育と人権教育について
第５節　『前衛』2007年10月号：「徳育の教科化」と安倍内閣の人間観を問う

第3章

第１節　『教育』2004年1月号：教室を戦略論的環境から平和と安全な環境へ
第２節　『教育』2005年8月号：教育基本法「改正」問題と人間のモラル
第３節　『教育』2008年2月号：「美しい国、日本」を支える教育観を問う
第４節　『教育』2007年8月号：安倍内閣の歴史観を問う
補　節　『教育』2013年6月号：安倍晋三氏と日本教育再生機構
第５節　『教育』2008年3月号：学習指導要領改訂の社会観を問う

佐藤広美（さとう・ひろみ）
1954年　北海道夕張に生まれる
1988年　東京都立大学大学院博士課程単位取得
現在　東京家政学院大学教授、博士（教育学）、教育科学研究会副委員長、日本植民地教育史研究会代表

著書　『総力戦体制と教育科学』（大月書店、1997年）
『21世紀の教育をひらく　日本近現代教育史を学ぶ』（編著、緑蔭書房、2003年）
『３・11と教育改革』（共編著、かもがわ出版、2013年）
『戦後日本の教育と教育学』（共編著、かもがわ出版、2014年）
『教育勅語を読んだことのないあなたへ』（共著、新日本出版社、2017年）
『植民地支配と教育学』（皓星社、2018年）ほか

『興亜教育』全８巻（緑蔭書房、2000年）の復刻を監修

「誇示《こじ》」する教科書《きょうかしょ》——歴史《れきし》と道徳《どうとく》をめぐって

2019年 1月25日　初　版

著　者　佐　藤　広　美
発行者　田　所　　稔

郵便番号　151-0051　東京都渋谷区千駄ヶ谷 4-25-6
発行所　株式会社　新日本出版社
電話　03（3423）8402（営業）
03（3423）9323（編集）
info@shinnihon-net.co.jp
www.shinnihon-net.co.jp
振替番号　00130-0-13681
印刷・製本　光陽メディア

落丁・乱丁がありましたらおとりかえいたします。

ISBN978-4-406-06331-9 C0037　　Printed in Japan